신으로 풀어낸 천수경

禪으로 풀어낸 천수경

구함이 없는 것이 참된 구함이다

· 진원 풀어씀 ·

운주사

머리말

행복과 불행은 있는 것인가?

　사람들은 행복을 좋아하고 불행은 싫어합니다. 그런데 행복과 불행은 실재하는 것일까요? 인간의 행복 조건은 크게 식욕食慾, 수욕睡慾, 성욕性慾, 재물욕財物慾, 명예욕名譽慾 등으로 나눌 수 있습니다. 이와 같은 조건이 충족되면 대다수 사람들은 행복하다고 하며, 그렇지 않으면 불행하다고 생각합니다. 이렇듯 행복의 조건의 되는 것들은 모두 물질로 이루어져 있는데, 이러한 행복의 조건인 물질은 무엇인가? 첨단 문명을 자랑하는 현대 신과학에서도 물질이 무엇인지를 밝혀내지 못하고 있습니다. 무엇인지도 모르는 물질을 붙들고 네가 있으면 행복하고 네가 없으면 나는 불행하다고 하는 것은 실로 아이러니(모순)가 아닐 수 없습니다.

　2012년 물질의 기본 소립자 힉스의 발견은 과학의 획기적인 사건이며, 이를 통해 물질이 무엇인지 밝힐 수 있을 것이라고 말하고 있습니다. 지금까지 물리학이 밝혀낸 물질의 근본은 힉스(일명 신의 입자)이며, 힉스가 쿼크에게 질량을 부여하고, 쿼크가 원자에게 질량을 부여하며, 원자가 원소에게 질량을 부여하여 원소가 물, 불, 흙, 공기를 이루고 우주를 이룬다는 것이 과학의 설명입니다. 그러나 힉스가 쿼크에게 질량을 부여하고 쿼크가 원자에게 질량을 부여하여 결국 물질을 이룬다는 학설, 즉 그 무엇이 실존하여 질량을 부여해서 새로운 존재가 생긴다는 이런 사고방식으로는 물질의 근원을 밝힐 수 없습니다. 그것은 닭이 먼저인가, 알이 먼저인가 하는 문제로서 인류가 현재까지 이 문제를 해결하지 못하는 것은 닭이 알에게 질량을 부여하자면 먼저 질량을 부여할 닭이 있어야 하고, 알이 닭에게 질량을 부여하자면 질량을 부여할 알이 있어야 하기 때문입니다. 이처럼 무엇이 있어서 질량을 부여한다는 생각으로는 영원히 이 문제를 해결할 수 없습니다.

힉스가 질량을 부여하여 쿼크를 이루는 것이 아니고, 힉스의 존재는 쿼크로 인하여 있고 쿼크는 힉스로 인하여 있어서, 쿼크가 없으면 힉스가 없고 힉스가 없으면 쿼크도 없는 것입니다. 힉스와 쿼크는 질량을 부여하고 질량을 부여받는 상하의 관계가 아니고 상대성, 즉 서로 의존하고 있는 것입니다. 다른 원자, 원소, 물, 불, 흙, 공기도 이와 다르지 않습니다.

너는 나로 인하여 있고 나는 너로 인하여 있으므로, 나는 스스로 있을 수 없기 때문에 나는 무아無我입니다. 닭은 알로 인하여 있고 알은 닭으로 인하여 있으며, 어머니는 자식으로 인하여 있고 자식은 어머니로 인하여 있습니다.

이 세상에 모래알만큼이나 많은 이름과 명호가 있는 것은 때와 장소에 따라 이름을 세우기 때문입니다. 마치 마니주摩尼珠와 같이 파란색의 대상을 만나면 파랗게 되고 노란색을 만나면 노랗게 되지만, 그 본체인 마니주는 아무런 색을 띄고 있지 않습니다. 칼은 스스로 자신을 자를 수가 없으므로 대상을 자르고, 손가락은 스스로 자신을 만질 수가 없으므로 대상을 만지며, 촛불은 스스로 자신을 밝힐 수가 없으므로 대상을 밝히며, 의자는 스스로 자신을 앉힐 수가 없으므로 대상을 앉힙니다. 눈은 스스로 자신을 볼 수가 없으므로 대상을 보며, 코는 스스로 자신을 맡을 수가 없으므로 대상인 냄새를 맡을 뿐입니다. 그때그때의 때와 장소라는 조건을 따라 나타나는 대상에 각기 서로 다른 이름을 붙여 주는 것입니다.

이 우주에 존재하는 모든 것은 이와 같이 대상에 의해서 존재하는 것입니다. 행복은 불행으로 인하고 불행은 행복으로 인하며, 깨끗함은 더러움으로 인하고 더러움은 깨끗함으로 인하며, 있음은 없음으로 인하고 없음은 있음으로 인하며, 좋아함은 싫어함으로 인하고 싫어함은 좋아함으로 인하여 있습니다. 행복이 없으면 불행이 없고 불행이 없으면 행복도 없으며, 행복은 스스로 있지 못하고 불행으로 인하여 있으므로 행복은 '있는 것'도 아니지만, 행복으로 인해서 불행이 있으므로 행복은 '없는 것'도 아닙니다. 불행 또한 이와 같아서 '있는 것도 아니고 없는 것'도 아닙니다. 행복과 불행은 서로 대립하여 나누어져 있는 것이 아니고 서로 통하여 있는 것입니다.

이 세상은 옳고 그름으로 나뉘어져 있습니다. 이런 모습은 마치 우주의 모든 별을 부수어 티끌을 만들어서 그중 하나의 티끌을 놓고 '티끌이다, 아니다' 하는 논쟁을 벌이고 있는 것과 같아서, 무한한 티끌이 다하여도 그 옳고 그름은 끝이 없을 것입니다. 옳음은 그름으로 그름은 옳음으로 인한 것이니, 옳은 것이 없으면 그른 것도 없고, 그른 것이 없으면 옳은 것도 없는 것입니다. 옳고 그름은 있는 것도 아니고 없는 것도 아니기 때문에 서로 대립하지 않고 서로 융통하는 것입니다.

행복의 조건인 물질은 무엇인가? 눈으로 대상인 물질을 볼 때 그것은 모두 마음을 보고 있는 것입니다. 마음은 그 자체만으로는 마음일 수 없고 대상인 물질과 관계 지어질 때에만 마음일 수 있으며, 대상 또한 그 자체만으로는 대상일 수 없으며 마음과 관계 지어질 때에만 대상일 수 있는 것입니다. 대상을 보는 것은 곧 마음을 보는 것입니다.

교의적인 입장에서 볼 때 진리를 일으켜 나아가다 보면 모든 것은 다 진리가 되며, 사상事像을 일으켜 나아가다 보면 다 사상이 되고, 과학을 일으켜 나아가다 보면 다 과학이 되며, 예술을 일으켜 나아가다 보면 모두 다 예술이 되는 것입니다. 즉 모든 것이 한 명제 밑에 통합되어 진리도 사상도 온통 하나가 되면 이윽고 전체는 무엇이라 말할 수 없을 만큼 왕성하게 생동·작용하기 시작하는데, 이렇듯 왕성하게 생동·작용하는 것이 자연이고 생명이며 마음입니다. 예를 들자면 달그림자는 그 모양이 여럿이지만 달 그 자체는 오로지 하나이며, 물줄기도 그 근원은 여럿이지만 물이라는 본질에 있어서는 서로 아무런 차이가 없으며, 이론으로는 억지를 부려 이것저것 분별하지만 자유자재의 지혜 안에는 그러한 분별이 없는 것과 같습니다. 이와 같이 각양각색의 모든 존재는 마음으로부터 유래하는 것입니다. 강가에 모래알처럼 많은 이름과 명호는 모두 마음의 별칭입니다. 진실과 관계없는 우리만의 존재방식이 따로 없으며, 우리의 존재방식 그대로가 바로 진실이기 때문에 전체는 우리 자신의 본체인 것입니다. 만약 그렇지 않다면 우리는 도대체 누구라는 말입니까?

2015년 3월 KBS1 TV에서 '명견만리明見萬里'라는 프로그램을 방송하였는데, 거기서 현대의 기업은 플랫폼 기업이 되어야 한다고 하였습니다. 플랫폼이란, 기차역의 플랫폼에 많은 사람들이 모이는 것과 같이 몇 사람이 독점하지 않고 회사의 특허권 같은 지적·물적 자산을 많은 사람들에게 개방하고 공유하는 기업이 세계적으로 성장할 수 있다며 애플·구글과 같은 회사를 예로 들었으며, 음악인 서태지를 출연시켜 그가 최근 작곡한 음악의 음원을 공개·공유하여 많은 사람들이 참여하여 더욱 다양한 음악을 창조하였다고 하였습니다. 새로운 창조의 시대는 내 것, 네 것이 없고 나와 너, 회사와 회사 사이에 칸막이가 없는 융합하는 시대이며, 한두 명의 천재가 아닌 공유의 시대에는 누구나 천재가 될 수 있다는 주제의 방송이었습니다.

본래 너와 나는 둘이 아니고 나뉘어 있지 않습니다. 나와 우주, 우주와 나, 천재와 둔재, 일등과 꼴찌, 행복과 불행, 기쁨과 슬픔, 즐거움과 고통, 옳고 그름, 선과 악, 생과 사 등의 헤아릴 수 없는 분별의 대립은 본래 어느 곳에도 있는 것이 아닙니다. 다만 우리들의 망령된 생각 속에 있을 뿐입니다.

우리들은 본래부터 공유·개방되었고, 융통·융합하여 무장무애無障無礙, 즉 조금도 장애가 없고 걸림이 없기 때문에 2,600년 전 석가모니 부처님께서는 일체 중생이 부처라고 하셨습니다. 그러므로 새로운 창조와 공유, 융통, 융합하며 물리학이 발전하는 시대는 성인聖人의 시대입니다. 몇몇 사람만이 성인이 아닌, 누구나 성인이 되는 시대입니다.

우리가 분별 망념으로 인한 고통의 그늘에서 진정한 대자유의 길을 걷고자 한다면 망념의 대명사인 좋아하고 싫어하는 생각에서 벗어나야 합니다. 『선으로 풀어낸 천수경』을 여러 번 반복하여 읽다 보면 좋아하고 싫어하는 마음 중에서 먼저 싫어하는 마음이 점차 엷어지기 시작합니다. 따라서 싫어하는 것이 없어지므로 스트레스와 화가 일어나지 않습니다. 성냄과 스트레스의 고통이 사라지면 그 대상인 좋아하는 마음도 스스로 사라져서 '있는 것도 아니고 없는 것도 아닌' 진리를 온전히 깨닫게 되는 이것이 모든 분별 망념에서 벗어나는 대자유의 길입니다.

※ 백일법문(장경각), 선림보전(장경각), 마조어록(고려원) 등을 참고하였습니다. 선현들의 안목에 감사드립니다.

천수경의 제목
千 手 經

부처님께서 말씀하신 경전을 해설하는 것은 허다한 우리의 번뇌 망념으로 인하여 부처님의 깊은 뜻을 깨닫지 못하기 때문입니다.

부처님의 마음은 본체(體)이고 말씀은 작용(用)입니다. 체를 떠나 용이 없고 용을 떠나서 체가 없기 때문에 마음과 말씀은 둘이 아닙니다. 번뇌란 별다른 것이 아니고 둘 아닌 것을 둘로 나누어 보는 것입니다. 따라서 말씀의 이치를 자세히 살펴 나아가면 망념을 서서히 맑혀 나갈 수 있으며, 언젠가는 의심의 종착지가 올 것입니다.

부처님은 '두 가지' 어리석음을 끊으셨습니다. 미세하게 아는 어리석음과 극히 미세하게 아는 어리석음을 끊으셨습니다. 우리의 지식은 망념인데, 이 망념을 여의는 것이 지혜이고 부처님의 깨달음이며 마음입니다.

천수천안 관자재보살 광대원만 무애대비심 대다라니경
千手千眼 觀自在菩薩 廣大圓滿 無碍大悲心 大陀羅尼經

이는 『천수경』의 본래 제목으로, 『천수경』은 「신묘장구대다라니」
를 중심으로 참회·서원·발원 등으로 구성되어 있습니다.

천수천안 千手千眼

관세음보살은 어째서 천개의 손과 천개의 눈을 갖고 있는가? 관세
음보살께서 한 중생이라도 더 고통에서 벗어나게 하려는 자비심의
발로인가? 아니면 관세음보살의 두 손과 두 눈으로는 미처 나에게
자비를 베풀지 못하리라는 불안한 우리의 욕망인가? 관세음보살은
대자대비하십니다. 자비의 자慈는 사랑하는 마음을 뜻하고, 비悲는
고통에 빠진 중생을 위해 슬퍼하는 마음입니다. 그렇다면 자비는 베
푸는 것인가, 받아들이는 것인가? 관세음보살의 자비는 인연이 없
기 때문에 큰 자비라고 합니다. 사랑함(慈)이란 이룰 만한 부처가 있
다는 견해를 내지 않는 것이고, 슬퍼함(悲)이란 제도할 중생이 있다
는 견해를 내지 않는 것입니다. 일체가 부처이고 마음이기 때문입니
다. 베푸는 관세음보살도 없고 받는 중생도 없는 이것이 참된 자비
입니다.

관세음보살의 '관세음觀世音'은 세상의 소리를 본다(觀)는 뜻입니
다. 소리는 귀로 듣는 것인데 어떻게 소리를 보는 것인가?

과거 동산 스님께서 위산 선사를 참방하셨습니다. 방장실로 가 예를 갖추어 인사를 한 뒤 위산 선사에게 물었습니다.

"지난번 소문을 들으니, 남양 혜충 국사께서는 무정도 설법을 한다는 말씀을 하셨다고 합니다. 저는 그 깊은 뜻을 알지 못하겠습니다."

위산 선사가 말했습니다.

"그대는 그 이야기를 기억하고 있는가?"

"기억합니다."

"그럼 한 가지만 이야기해 보게."

"어떤 스님이 '무엇이 옛 부처의 마음입니까?' 하고 묻자 '담벼락의 기와 부스러기다'라고 말했습니다. 그러자 어떤 스님이 다시 물었습니다.

'담벼락과 기와 부스러기는 무정이지 않습니까?'

'그렇지.'

'그런데도 설법을 한다는 말입니까?'

'그대 스스로 듣지 못할 뿐이지. 그러니 듣는 이들에게 방해가 되서는 안 되네.'

'어떤 사람이 듣는지 잘 모르겠습니다.'

'모든 성인이 듣지.'

'스님께서는 듣는지요.'

'나는 듣지 못하네.'

'스님께서는 듣지 못하면서 어떻게 무정이 설법하는 줄 안다는 것입니까?'

'내가 듣는다면 모든 성인과 같아져서 그대가 나의 설법을 듣지 못할 거네.'

혜충 국사는 그 스님과 몇 번 얘기를 나눈 뒤 『화엄경』의 '세계가 말을 하고 중생이 말을 하고 삼세 일체가 말을 한다'는 부처님 말씀을 예로 들었습니다. '삼세 일체가 말을 한다'란 두말할 것도 없이 생명이 있는 유정有情과 나무와 돌멩이 같은 무정이 다 설법을 한다는 뜻이었습니다."

동산 스님이 혜충 국사에게 들었던 얘기를 마치고 위산 선사에게 물었습니다.

"저는 알지 못하겠습니다. 스님께서 가르쳐 주십시오."

이에 위산 선사가 불자拂子를 일으켜 세우며 말했습니다.

"알겠느냐!"

"모르겠습니다. 스님께서 가르쳐 주십시오."

"부모가 낳아주신 이 입으로는 끝내 그대에게 설명해 줄 수 없다네."

부모가 낳아주신 이 몸은 입으로는 말하고 눈으로는 보며 귀로는 듣는 것으로, 오직 그렇게 알고 또한 믿고 있는 사람에게 제아무리 마음이 말을 한다고 하여도 도저히 이해할 수 없다는 뜻입니다.

결국 동산 스님은 위산 선사를 하직하고 운암 선사를 찾아가게 됩니다. 운암 선사는 풍릉 유현의 동굴에 머물고 있었으므로 동산 스님이 그곳으로 갔던 것입니다. 원래 운암 선사는 경을 두루 공부한 학인이었는데, 동굴에 들어 무정의 설법을 들으며 정진하는 도인이 분명했습니다. 동산 스님이 무정의 설법은 어느 경전의 가르침에 해당하는 것이냐고 묻자, 운암 선사가 『아미타경』의 '물과 새와 나무 숲이 모두 불법을 설한다'라는 부처님의 말씀을 얘기했습니다. 순간 동산 스님은 견처見處가 열렸고 그 감흥을 게송으로 읊조렸습니다.

정말 신통하구나. 정말 신통해.
무정의 설법은 불가사의하다네.
귀로 들으면 끝내 알기 어렵고
눈으로 들어야만 알 수 있으니.

배휴 상공이 황벽 선사께 물었습니다.
"자성自性을 보는 것, 곧 견성見性이란 무엇입니까?"
"성품이 곧 보는 것이요, 보는 것이 곧 성품이니, 성품으로써 다시 성품을 보지 말라, 또 들음이 그대로 성품이니, 성품으로써 다시 성품을 들으려 해서는 안 된다. 그렇지 않으면 네가 성품이라는 견해를 내며 능히 성품을 듣고 능히 성품을 보아서 문득 같다거나 다르다는 견해를 일으킨다. 저 경에서 분명히 말하기를, 볼 수 있는 것은 다시 보지 못한다고 하였으니, 네가 어찌 머리 위에 다시 머리를 얹겠느냐?"
마조 선사가 말했습니다.
"자네가 혹시 마음을 알고 싶다고 말한다면 지금 바로 그와 같이 말하고 있는 것이 바로 자네의 마음이네, 이 마음을 바로 부처라 일컫는 것이며, 또한 실상법신불實相法身佛이며 도道라고도 일컫는 것이다."

말하는 것, 듣는 것, 냄새 맡는 것, 움직이는 것, 생각하는 것이 무엇입니까? 눈이 대상인 촛불을 볼 때에 보는 눈이 없으면 촛불이 없고, 촛불이 없으면 보는 눈 또한 없는 것입니다. 보는 눈이 따로 있고 보이는 촛불이 따로 있는 것이 아닙니다. 그래서 '부처와 중생과 마음'이 다르지 않다고 부처님께서 말씀하셨습니다. 체와 용이 둘이 아닌 것이 성품이고 마음입니다. 유정인 사람은 설법하고 무정인 돌이나 나무는 설법하지 못한다는 것은 우리의 분별심입니다. 유정과 무정이 둘이 아니고 듣는 것과 보는 것이 오직 마음일 뿐입니다.

이후 동산 스님은 운암 선사께 하직인사를 하며 물었습니다.

"돌아가신 뒤에 홀연히 어떤 사람이 스님의 참모습을 찾는다면 어떻게 대꾸할까요?"

운암 선사가 잠시 침묵한 뒤 말했습니다.

"그저 이것뿐이라네."

동산 스님이 잠시 머뭇거리자, 운암 선사가 갑자기 큰소리로 말했습니다.

"양계 화상! 이 깨치는 일은 정말 자세히 살펴야 하네."

순간 동산 스님은 운암 선사의 한마디에 사로잡혀 버렸습니다. 오로지 그 한마디만 생각하며 개울물을 건너다가, 자신의 그림자를 보고 크게 깨달았습니다. 그러자 「과수게過水偈」가 절로 터져 나왔습니다.

남에게 찾는 일, 절대 조심할지니

자기와는 점점 더 아득해질 뿐이네.
내 이제 홀로 가나니
가는 곳마다 그분을 뵈오리.
그는 지금 바로 나이지만
나는 지금 그가 아니라네.
모름지기 이렇게 알아야만
여여如如에 계합하리라.

그 후 선사께서는 동산사 입구에 나한송羅漢松 한 그루를 심고 게송을 지었습니다.

길이가 고작 삼 척 남짓
향기로운 풀에 덮여 있네.
어느 시대 사람인지 알 수 없지만
이 나한송을 볼 수 있을 걸세.

동산 선사의 간절한 바람과 같이 우리는 나한송의 무정설법을 꼭 들어야 하겠습니다.

관세음보살이 세상의 소리를 본다는 것은, 관세음보살이 그대로 우리의 마음이며 눈·귀·코·입·몸·뜻의 작용이 마음이며 부처란 말입니다.

과학에서는 우리 은하에 약 2천억 개의 별이 존재하고 있으며 우주에는 헤아릴 수 없을 만큼의 많은 은하계가 존재한다고 합니다.

그러나 그 수많은 은하는 모두 허공에 건립되어 있습니다. 허공은 있다고 할 수 없고 없다고 할 수도 없습니다. 허공은 있음과 없음에 해당하지 않기 때문입니다. 조사 스님께서는 '허공과 마음은 나이를 같이 한다' 하였으며, 마음을 방편으로 허공이라 하며, 이 마음은 본래부터 생기거나 없어진 적이 없으며, 푸르거나 누렇지도 않고, 정해진 틀이나 모양도 없고, 길거나 짧지도 않으며, 크거나 작지도 않고, 더럽고 깨끗하지도 않다고 하였습니다.

남전 선사는 번뇌 망념이 끊어진 이 마음자리를 마치 태초의 허공과 같아서 가없이 넓은 모습으로 시원히 탁 트여 고요하고 안락하다 했으며, 6조 혜능 선사는 5조 홍인 선사의 말씀에 크게 깨닫고 말하기를 '어찌 자성이 본래 스스로 청정함을 알았으며', '어찌 자성이 본래 생멸하지 않는 것임을 알았으며', '어찌 자성이 본래 스스로 구족함을 알았으며', '어찌 자성이 본래 동요가 없음을 알았으며', '어찌 자성이 본래 스스로 만법을 냄을 알았겠습니까?'라고 하였습니다.

이 모두가 우리의 참마음을 나타낸 것입니다.

관자재보살 광대원만 무애대비심 대다라니
觀自在菩薩 廣大圓滿 無碍大悲心 大陀羅尼

관자재보살은 관세음보살의 다른 이름입니다. 관자재觀自在, 즉 보는 것이 자유자재하여 넓고 크고, 조금도 부족함이 없으며, 장애가 없는 대자대비한 대다라니가 참마음입니다. 참마음은 또한 무심無心, 무념無念이라 하는데 무심, 무념은 삿된 생각이 없음이며, 바른 생각이 없다는 것이 아닙니다. 삿된 마음은 있음과 없음, 선과 악, 괴로움과 즐거움, 생겨남과 없어짐, 미워함과 사랑함 등 모든 분별심이고, 이런 모든 분별심이 없는 마음이 올바른 마음입니다.

그러나 중생은 무엇을 하나 보더라도 좋아하는 것은 취하고 싫어하는 것은 버리는 등의 한량없는 분별심에 집착하여 스스로 장애를 일으켜 끝없는 고통 속에 헤매고 있습니다. 우리가 분별 망념을 여의기 위해서는 화두를 들거나 염불하거나 기도할 때 일체를 하나로 보아야 합니다. 만약 관세음보살을 염불한다면 보고, 듣고, 말하는 6근의 작용과 티끌 하나, 나아가 우주 전체를 오직 관세음보살로 보는 것이 바른 참선·바른 염불·바른 기도입니다. 이렇듯 오랫동안 간절하고 꾸준하게 마음을 모아가면 언젠가는 반드시 들어가는 곳이 있게 될 것입니다.

이제 천수경 본문을 하나하나 살펴봅니다.

정구업진언

정구업진언 淨口業眞言
수리수리 마하수리 수수리 사바하 (3번)

정구업진언은 우리가 입으로 지은 업(業, 행위)을 맑게 하는 참 말씀이라는 뜻입니다. 그렇다면 '수리수리 마하수리 수수리 사바하' 진언을 외우면 입으로 지은 모든 죄가 소멸되고 맑게 할 수 있을까?

부처님께서 49년 동안 말씀하신 법문을 모은 것을 일러 팔만사천대장경이라 하는데, 팔만사천대장경을 팔만사천 방편이라고 하며, 또는 달을 가리키는 손가락이라고 합니다. 팔만사천대장경이 어째서 방편이고 달을 가리키는 손가락인가? 마조 선사가 말하기를, 경은 부처님이 말씀하신 마음을 근본으로 하며 문이 없는 것으로 법문을 삼는다고 하였습니다. 부처님이 말씀하신 마음을 근본으로 하는 이유는 무엇일까요? 부처님이 말씀하신 마음 그 자체가 바로 부처이기 때문입니다. 지금 이렇게 말하고 있는 것은 바로 이 마음이 말하고 있는 것입니다. 그러므로 부처님이 말씀하신 마음을 근본으로 한다고 말하는 것입니다.

이 뜻은 중생의 팔만사천 번뇌 망념은 본래 있는 것이 아니라는 것이 팔만사천법문이니, 팔만사천법문이 따로 있는 것이 아닙니다. 중생이 번뇌 망념을 일으키는 것도 마음이고, 번뇌 망념을 없애려고 하는 것도 마음이며, 법문을 하는 것도 마음이라는 것입니다.

그러나 중생은 말하는 이것이 마음인 것을 깨닫지 못하기 때문에 말과 문자를 붙들고 씨름하며, 정작 달은 보지 못하고 손가락만 주무르며, 좋아하고 싫어하는 분별심에 집착하여 한량없는 죄업을 입으로 짓고 있습니다. 지금 '수리수리 마하수리 수수리 사바하' 하는 것이 마음인 줄 깨달을 때 비로소 입으로 짓는 모든 죄업을 소멸하고 맑게 할 것입니다. 그러므로 화두·염불·기도할 때 일체를, 우주를 하나로 보고 마음을 모아가야 합니다.

수리수리: 맑고도 맑고 깨끗합니다.

마하수리: 한없이 맑고 깨끗합니다.

수수리: 깨끗하고 맑은 우리의 마음이여,

사바하: 깨끗하고 맑은 마음이 이루어지이다.

오방내외안위제신진언

오방내외안위제신진언 五方內外安慰諸神眞言
나무 사만다 못다남 옴 도로도로 지미 사바하 (3번)

오방내외안위제신진언의 오방은 동·서·남·북·중앙을 말하며, 시방十方은 동·서·남·북 중앙을 입체적으로 표현한 것입니다. 내외 안위제신은 오방의 내외에 있는 모든 신들을 편안하게 해 준다는 말입니다.

모든 신들이란 삼계三界 내의 욕계·색계·무색계의 중생들을 말합니다.

삼계에는 우리 사람들이 머물고 있는 사대왕천의 하나인 남증장천을 포함하여 28천이 있으며, 각각의 하늘에 따라 공덕의 차이가 있습니다. 삼계는 부처님의 깨달음인 구경각究竟覺의 경지에 이르지 못한 중생들이 살고 있는 세계입니다. 28천의 맨 꼭대기에 있는 비상비비상천非想非非想天의 중생은 생각이 아니고 생각이 아닌 것도 아닌 경지인 비상비비상처정非想非非想處定을 증득하여 8만 대겁(大劫: 약 8백만 억 년의 장구한 세월)의 천상락을 누리지만, 생각이 아니고 생각이 아닌 것도 아닌 것에 머물러 있어서 모든 망념이 멸한 멸진정滅盡定을 성취하지 못하여 복진타락福盡墮落, 즉 시간이 흐르면 선정의 복이 다하면서 다시 생사에 떨어집니다.

중생의 세계는 시간의 차이가 있을 뿐 생사의 윤회에서 벗어나지는 못합니다. 그러나 부처와 중생이 한마음이니, 일체 중생을 부처로 바로 보는 이것이 오방내외에 있는 모든 신들을 편안케 하는 것입니다.

나무: 의지하며 귀의합니다.

사만다: 어느 곳에나 보편普遍하게 머물고 있는 것입니다.

못다남: 못다는 불보살과 같은 말이고, 남은 복수를 나타내어 일체의 불보살님을 말합니다.

옴: 마음, 성품의 작용을 뜻합니다.

도로도로: 참으로 신성함을 말합니다.

지미: 맑고 밝은 근본이며

사바하: 꼭 이루어지이다

개경게

개경게 開經偈
무상심심미묘법 無上甚深微妙法
백천만겁난조우 百千萬劫難遭遇
아금문견득수지 我今聞見得受持
원해여래진실의 願解如來眞實義

개경게는 경을 여는 게송입니다.

무상심심미묘법 無上甚深微妙法
가장 높고 미묘하고 깊고 깊은 부처님 법

가장 높고 미묘하고 깊고 깊은 부처님 법은 아뇩다라삼먁삼보리,
즉 무상정등정각無上正等正覺을 말합니다. 위가 없고 바르게 평등하

며 바른 깨달음인 무상정등정각이 부처님 법입니다. 부처님께서는 『금강경』에서 아뇩다라삼먁삼보리에 있어 한 법이라도 얻을 것이 있었다면 연등불께서 나에게 수기하지 않으셨을 것이라고 말씀하셨습니다. 한 티끌이라도 얻을 것이 있다면 무상정등정각이 아닙니다. 얻을 것과 구할 것이 없는 것이 참된 얻음이요 구함입니다. 중생의 얻음과 구함은 번뇌 망념이니 망념을 구함이 없는 것이 깨달음이고 마음입니다.

 '아뇩다라'는 무상無上이란 의미로, 이 마음에는 높고 낮은 것이 없습니다. 높은 것이 없으니 낮은 것도 없습니다.

 '삼먁'은 정등正等이니, 마음에는 지위·인과·계급 따위의 헛된 개념이 없습니다. 나와 너, 사랑함과 미워함 등 티끌처럼 많은 분별, 대립심이 본래 있는 것이 아니어서 바른 평등, 정등입니다.

 '삼보리'는 정각正覺으로, 얻을 것이 없다는 것을 깨닫는 것이 정각입니다.

백천만겁난조우 百千萬劫難遭遇
백천만겁 지나도록 만나 뵙기 어려워라

 불교에서는 한 겁의 시간을 맹구우목盲龜遇木, 백석겁白石劫 등의 예를 들어 무척 긴 시간이라 설명하는데, 백천만겁은 우리가 감히 상상하기 어려운 긴 시간입니다.

 그렇다면 부처님 법은 왜 이토록 만나 뵙기 어려운가? 우리가 눈으로 볼 수 있는 가장 작은 티끌은 맑은 날 문틈으로 비쳐오는 햇빛

속에 떠다니는 티끌입니다. 이 우주를 잘게 부수어서 이런 티끌로 만들어 그 중 티끌 하나를 놓고 티끌이다 아니다, 옳다 그르다고 분별한다면 우주를 부순 티끌이 다하도록 영원히 부처님 법인 무상정등정각을 만나지 못할 것입니다. 그러면 어찌해야 하는가? 경에 이르기를, 번뇌가 구경각이라 하였습니다. 부처와 중생이 다르지 않고, 티끌이 티끌이 아니라 이름이 티끌이다 하셨습니다. 부처라는 견해를 짓지 않고 중생이라는 견해를 짓지 않으며, 옳다 그르다는 모든 분별의 견해를 짓지 않을 때 지금 부처님 법을 찰나 간에 만날 것입니다.

아금문견득수지 我今聞見得受持
나는 이제 다행이도 듣고 보고 지니오니

『금강경』에서 부처님은 경을 지니고, 읽고, 다른 사람에게 해설하여 주는 공덕을 여덟 차례 말씀하셨습니다. 어떤 사람이 삼천대천세계, 즉 우주에 7가지 보석을 가득 채워서 널리 보시한다면 그 사람의 공덕이 참으로 많겠지만, 이보다 경을 받아 지니고 읽고 외우고 남을 위해 해설하는 공덕이 심히 더 뛰어나다는 것입니다. 그것은 아무리 우주에 가득 찬 귀한 보석이라도 좋아하고 싫어하는 마음, 있다 없다 하는 분별의 번뇌 망념으로 인하여 생긴 것이기 때문에 시간이 흐르면 허물어지고 티끌로 변하기 때문입니다.
 '범소유상凡所有相 개시허망皆是虛妄, 약견제상비상若見諸相非相 즉견여래卽見如來.' 모든 현상은 허망한 것이니, 모양이 모양이 아닌 줄

28

알면 여래를 본다는 것입니다. 따라서 모든 현상은 마음이 생겨나는 것이나 그 현상은 공한 것으로, 생겨난다고 해도 사실은 생겨나는 것이 아니며, 우리가 물질인 현상을 볼 때 그것은 마음을 보는 것입니다.

경을 수지·독송·해설하는 것이 바로 모양이 모양이 아닌 것을 보는 것이며 부처를 보는 것입니다.

원해여실진실의 願解如來眞實意
부처님의 참된 뜻을 목숨 걸고 깨치리다.

부처님의 참된 뜻을 깨치기 위해서는 목숨보다 더한 것도 걸어야 합니다. 환골탈태해야 합니다. 법성게를 지으신 의상 대사는 중국에 들어가서 공부를 하였으나 끝내 대각을 이루지 못하시고, 낙산사 홍련암에서 관음기도를 모시는데 아무리 애를 써도 자기라는 아我의 근본 망념이 끊어지지 않는 것입니다. 그래서 이렇게 죄 덩어리인 이 몸뚱이를 바꾸어야겠구나 하고 홍련암 바위에서 바닷물에 몸을 던졌습니다. 몸뚱이를 버리는 그 찰나, 활연히 깨닫고 관세음보살이 몸을 안아주어 안전하였다는 설화가 있습니다.

우리는 이 몸뚱이가 나이고 번뇌 망념을 마음이라 생각하고 있습니다. 이 몸은 무량겁無量劫으로부터 시작된 범부의 망상·아첨·거짓·잘난 체하고 뽐내는 이것들이 하나로 모여 이루어진 것입니다. 눈·귀·코·혀(입)·몸·뜻의 6근은 물질·소리·냄새·맛·감촉·법의 6진을 그 대상으로 하고 있습니다.

귀는 스스로 있을 수가 없고 소리로 인하여 있으며, 소리 역시 스스로 있을 수 없고 귀로 인하여 있습니다. 귀가 없으면 소리가 없고, 소리가 없으면 귀도 없으며 귀와 소리는 홀로 있을 수 없습니다. 따라서 귀는 소리로 인하여 있기 때문에 있는 것이 아니며, 귀로 인하여 소리가 있기 때문에 없는 것도 아닙니다. 소리도 마찬가지입니다.

피부와 속살, 뼈와 근육 오장육부가 존재하는 도리가 모두 이와 같습니다. 이 몸이다 할 것도 없고 이 몸이 아니다 할 것도 없습니다. 이 몸 그대로가 마음이기 때문입니다.

개법장진언

개법장진언 開法藏眞言
옴 아라남 아라다 (3번)

개법장진언은 법장을 여는 진언입니다. 법장은 법의 창고, 보물창
고입니다.

대주혜해大珠慧海 스님이 처음으로 마조 선사를 친견하였습니다.
마조 선사가 물었습니다.
"어디에서 왔는가?"
대주 스님이 대답했습니다.
"월주 대운사에서 왔습니다."
"왜 여기에 오려고 했는가?"
"불법을 구하기 위해서입니다."

"네 보물창고는 어찌하고, 좋은 집 놔두고 쓸데없이 돌아다니기만 하다니 어떻게 하려는 것이냐? 나에게는 아무것도 없다. 불법 따위는 찾아서 무얼 하겠나?"

대주 스님은 큰절을 올리고 다시 물었습니다.

"제 보물창고라니 무슨 말씀입니까?"

"그렇게 묻고 있는 자네가 바로 그 보물창고다. 모든 것이 고루 갖추어져 있어서 부족할 것이란 아무것도 없다. 또한 쓰려고 하면 마음먹은 대로 쓸 수도 있다. 그런데도 달리 바깥에서 이를 구할 필요가 있겠는가?"

마조 선사의 이 말에 문득 자신의 본심을 깨달은 대주 스님은 덩실덩실 춤을 추어 보이며 마조 선사에게 감사했습니다. 그리고 스승으로 모시며 6여 년 동안 정진하였습니다.

뒤에 출가한 절로 돌아가 그곳에서 『돈오입도요문론頓悟入道要門論』 한 권을 지었습니다. 마조 선사가 이 책을 읽어보고 나서 대중에게 말했습니다.

"월주 땅에 휘황찬란한 빛을 발하는 커다란 진주가 있다. 그 빛은 실로 자유자재해서 이곳저곳 비추지 못하는 곳이 없다."

중국의 선禪은 달마 대사가 아닌 마조 선사로부터 비로소 시작되었다 해도 과언이 아닐 것입니다. 마조 선사는 이전의 다른 인물들과는 달리 불교로 귀결되는 선적禪的 이념을 명확히 자각하여 이를 선명히 부각시킨 동시에, 그 자각을 교의敎意의 해석이나 연구라는 형태가 아닌 구체적인 일상의 살림살이 가운데서 실천적으로 체득해 나아갔기 때문입니다.

마조 선사의 고향은 한주 시방현으로 성은 마馬씨이고, 나한사에서 출가하였습니다. 생김생김이 예사롭지 않아 소처럼 느리게 걷고, 눈빛은 호랑이처럼 예리하였으며, 혀가 코를 덮을 만큼 길었으며 발바닥에는 두 개의 바퀴 무늬가 있었습니다. 일찍이 자주資州 당 화상에게 머리를 깎고 유주渝州의 원 율사에게 구족계를 받았습니다. 그 후 향악의 전법원에서 남악회양 선사를 만났습니다.

어느 날 좌선 수행에 정진하고 있는 그에게 회양 선사가 물었습니다.

"자네는 무엇 하려고 좌선을 하는가?"

마조 스님이 말했습니다.

"부처가 되려고 합니다."

그러자 회양 선사는 부근에 있던 기왓장 하나를 집어 들더니 이를 보란 듯이 갈아대기 시작하였습니다.

마조 스님이 물었습니다.

"기왓장을 갈아서 무엇을 하실 겁니까?"

회양 선사가 말했습니다.

"거울로 삼을까 하네."

이에 마조 스님이 말했습니다.

"그런다고 기왓장이 거울로 될 리가 있겠습니까?"

이 말이 떨어지기가 무섭게 회양 선사가 일갈했습니다.

"기왓장이 거울로 될 수 없듯이 좌선으로는 부처가 될 수 없다."

마조 스님이 물었습니다.

"어찌해야 합니까?"

회양 선사가 말했습니다.

"소가 수레를 끌고 가는데 수레가 만일 나아가지 않는다면 그때는 수레를 다그쳐야 하겠는가, 아니면 소를 다그쳐야 하겠는가?"

마조 스님은 아무 말도 할 수 없었습니다.

회양 선사가 다시 말했습니다.

"자네가 지금 좌선坐禪을 익히고 있는 것인지, 좌불坐佛을 익히고 있는 것인지 도대체 알 수가 없군. 혹시 좌선을 익히고 있는 중이라면 선이란 결코 앉아 있는 것이 아니며, 혹시 그대가 좌불을 익히고 있는 중이라면 부처는 원래 정해진 모양새가 없다는 사실을 명심하게. 머무르지 않는 법을 놓고 취사선택을 해서는 안 되네. 그대가 혹 좌불을 흉내 내려 한다면 그것은 곧 부처를 죽이는 행위와 다름이 없네. 보잘 것 없는 앉음새에나 휘둘리게 되면 정작 깊은 이치에는 이를 수 없는 법이라네."

마조는 회양 선사의 가르침을 듣고 문득 개오開悟하고 마음속에 초연함을 느꼈습니다. 제자로서 십 년을 시봉하고 후일 무주撫州의 한 암자에서 마침내 대적大寂의 경지를 이루었습니다.

인도의 제27대 반야다라 존자가 28대 달마 대사에게 다음과 같이 예언하였습니다.

중국의 너른 땅에
길 하나 제대로 없어
질손姪孫 발뒤꿈치만

바짝 좇아야 하겠구나.

금계金鷄는 용하기도 하지.

쌀 한 톨 입에 물어

시방의 나한승羅漢僧을

공양하는구나.

6조 혜능 선사는 회양 스님에게 이렇게 말했습니다.

"인도의 반야다라 존자가 다음과 같은 말을 예언해 놓았다. 네 발 아래에서 말 한 마리가 나와서 천하 사람들을 발길질로 차 죽이리라."

금계가 쌀 한 톨을 시방의 나한승에 공양하는 것과 말 한 마리가 나와서 천하 사람들을 발길질로 차 죽이는 것은 수많은 사람들을 깨우침으로 이끄는 것으로서, 이는 마조 선사를 두고 한 말이었습니다.

당시 마조 선사의 회상에는 800 내지 1,000여 명이 넘는 대중이 운집해 있었습니다.

선사의 무엇이 그 정도의 대중을 흡입할 만한 매력이 있었으며, 그렇게 많은 사람들을 끌어들일 수 있었던 마조선馬祖禪의 핵심은 과연 무엇일까? 마조 선사 자신의 말과 그가 제자들과 나누었던 문답, 그리고 제자들이 선사를 두고 해놓은 말 등으로부터 유추하여 본다면, 그것은 '작용즉성作用卽性', 즉 작용하는 것이 곧 성품이고 마음이며 '일용즉묘용日用卽妙用', 즉 일상사가 그대로 묘한 작용이라고 말할 수 있을 것입니다.

달마 대사의 『혈맥론血脈論』에는 마치 이 말을 미리 해설해 놓은 것 같은 부분이 보입니다.

"부처란 인도말로 이 나라 중국의 각성覺性과 같은 말이다. 각覺이란 다름 아닌 영각靈覺을 말하는데, 기機에 응應하고 물物에 대對하여 눈으로 이것저것 바라보기도 하며, 손과 발을 이리저리 움직여 영위해 나가는 일상사의 전부가 바로 자신이 가지고 있는 영각의 성性 밖에 있는 것이 아니다. 성性이란 곧 마음을 말하는 것이며, 마음은 또 부처를 이르고 부처는 곧 도道와 같은 것인데, 이는 결국 선禪을 말한다"라는 것입니다. 말하자면 교학적인 성성聖性이 완전히 제거된 부처, 그 자체만을 온전히 받아들인다는 것입니다.

"지금 자네가 보고 듣고 느껴서 아는 그 모든 작용이 바로 자네의 본래 성품性品이며 본래 마음이다. 부처는 바로 이 마음을 떠나 다른 곳에 따로이 존재하고 있지 않다"라는 마조 선사의 말은 이에 부합되고 있습니다.

대매법상 스님이 선사에게 "부처란 무엇입니까?"라고 묻자

마조 선사는 "즉심즉불卽心卽佛, 마음 그것이 부처다"라고 하였습니다.

또한 대중에게 말하기를

"도는 닦아 익힐 필요가 없다. 오직 더러움에 물들지 않으면 된다. 더러움에 물든다는 것은 무슨 말인가? 나고 죽는다는 생각을 염두에 두고 일부러 별난 짓을 벌이는 것을 바로 더러움에 물든다고 하는 것이다.

단번에 도를 이루고 싶은 생각이 있는가, 평상심平常心, 평소의 이 마음이 바로 도이다. 평소의 마음이란 어떤 마음인가? 그것은 일부러 짐짓 꾸미지 않고 이러니저러니 가치판단을 하지 않으며, 마음에

드는 것만을 좋아하지도 않고, 단견상견斷見常見을 버리며, 평범하다 드니 성스럽다드니 하는 생각과 멀리 떨어져 있는 그런 마음을 가리 킨다"라고 하였습니다. 다시 말해 6근의 작용이 성품이고 마음이며, 일상사가 묘한 작용입니다.

마조 선사는 관세음보살의 후신後身이라 합니다. 관세음보살은 모 든 분별 망념이 끊어진 우리의 마음이며, 사실 우리 모두가 관세음 보살의 후신입니다.

화두·염불·기도할 때 일체를, 우주를 화두·염불·기도로 보아 마 음을 모아가는 것이 법장을 여는 것이고 이 마음을 여는 것입니다.

옴 아라남 아라다 (3번)

옴은 아·오·마의 준말입니다. 아·오·마는 탄성입니다. 꾸밈이 없고 가식이 없는 이 몸의 소리이기 때문에 인류의 공통어입니다. 우리의 주위에는 헤아릴 수 없이 많은 소리들이 있습니다. 부드럽고 거친 소리, 달콤하고 쓴 소리, 조용하고 시끄러운 소리, 천사의 소리 와 악마의 소리, 좋아하고 싫어하는 소리 등의 많은 소리가 있는 것 은 듣는 귀와 들리는 소리가 따로 있다고 생각하기 때문입니다. 그 러나 귀가 있어야 소리가 있고, 소리가 있어야 귀가 있으며, 소리가 없으면 귀가 없고, 귀가 없으면 소리 또한 없습니다. 소리와 귀는 서 로 인하여 있기 때문에 '있는 것도 아니고 없는 것도' 아닙니다. 듣 는 것도 마음이고 들리는 것도 마음으로, 이 둘은 마음으로 무애無礙 하게 통하여 있는 것입니다.

조주 선사에게 어떤 스님이 물었습니다.

"어떤 것이 달마 조사께서 서쪽에서 오신 뜻입니까?"

선사가 말하였습니다.

"뜰 앞의 잣나무니라."

스님이 말하였습니다.

"선사께서는 경계를 사람들에게 보이지 마십시오."

선사가 말하였습니다.

"나는 경계를 사람들에게 보이지 않는다."

스님이 다시 말하였습니다.

"어떤 것이 조사께서 서쪽에서 오신 뜻입니까?"

선사가 말하였습니다.

"뜰 앞의 잣나무이니라."

오는 것이 있으면 가는 것이 있으므로 조사께서 서쪽에서 오신 것은 무슨 뜻이 있을 것이다 하는 생각이 미혹한 경계입니다. 이런 뜻을 깨닫지 못한 스님은 선사가 대답한 뜰 앞의 잣나무는 그저 경계로 보일 뿐입니다. 그러나 선사는 나는 경계를 사람들에게 보이지 않는다고 하였습니다. 선사에게는 분별의 뜻도 없고 경계도 없기 때문입니다.

조주 선사가 대중에게 말했습니다.

"뜰 앞의 잣나무라 하는 이 일은 분명한 것이어서, 동떨어진 사람이라도 거기에서 벗어나기 어렵다. 내가 일찍이 위산 선사에게 갔는데, 어떤 스님이 묻기를 '어떤 것이 조사께서 서쪽에서 오신 뜻입니까?' 하니, '위산 선사가 의자를 집어서 내게 건네다오' 하였는데, 만일 진정한 종사라면 모름지기 본분사(本分事: 正法)로서 제접해야 옳다."

훗날 법안 스님이 각철취 스님에게 물었습니다.

"조주 선사에게 뜰 앞의 잣나무가 있다는데 사실인가요?"

각철취 스님이 대답하였습니다.

"선사께서는 그런 말씀이 없었소."

법안 스님이 다시 물었습니다.

"지금 천하에는 모두가 어떤 스님이 조주 선사에게 '어떤 것이 조사께서 서쪽에서 오신 뜻입니까?' 하니, 선사가 대답하기를 '뜰 앞의 잣나무이니라' 하였다는데 어째서 없다고 하시오?"

그러자 각철취 스님이 대답하였습니다.

"선사를 비방하지 마시오. 선사께서는 그런 말씀이 없었소" 하자, 법안 스님이 당장에 그 뜻을 깨달았습니다.

진제형이란 관리가 사표를 내고 촉으로 돌아가는 길에 오조산五祖山을 지나다가 법연 선사에게 물었습니다.

"선종에서는 손끝을 튀기고, 눈썹을 깜박이고, 한 번 묻고, 한 번 대답하는 취지가 무엇입니까?"

선사가 되물었습니다.

"공은 소염시少艶詩를 읽은 적이 있는가?"

제형이 읽었다 하니, 선사가 말하였습니다.

"그중에 한 구절이 매우 도에 가까우니, 소옥을 자주 부르는 것은 딴 뜻이 아니라 오직 서방님이 내 소리를 알아들어 달라는 것뿐이라고 한 대목이다."

그러자 제형이 두말없이 물러갔습니다.

그 뒤에 원오 스님이 물었습니다.

"제형이 알고서 물러갔습니까, 알지 못하고 물러갔습니까?"

법연 선사가 대답하였습니다.

"두말없이 물러갔다."

원오 스님이 다시 물었습니다.

"두 말 없이 물러간 뜻이 무엇입니까?"

선사가 대답하였습니다.

"다만 소리를 알아들었을 뿐이니라."

원오 스님이 다시 여쭈었습니다.

"그 말씀의 뜻을 이해하지 못하겠습니다."

선사가 말하였습니다.

"듣지 못했는가? 어떤 스님이 조주 선사에게 묻기를 '어떤 것이 조사께서 서쪽에서 오신 뜻입니까?' 하니, 조주 선사가 '뜰 앞의 잣나무니라' 하였다."

그러자 원오 스님이 활짝 깨달았습니다. 그리고는 밖으로 뛰쳐나가다가, 돌연 닭이 난간 위로 날아올라 흐드러지게 우는 소리를 듣자 문득 생각하기를 '이것이 어찌 바로 그 소리가 아니더냐?' 하고는 향을 피워 들고 조실로 들어가서 얻은 바를 말하고 절을 올렸습니다.

서산 대사도 한낮에 길을 가다가, 닭이 우는 소리를 듣고 깨달음을 얻었습니다.

조사께서 서쪽에서 오신 뜻에 대해 조산 스님의 세 가지 해석이 있습니다. 첫째는 이 땅의 중생들이 미혹에서 깨어나지 못해 영원히 윤회에 빠져 헤어날 수 없음을 관찰했기 때문이며, 둘째는 이 땅의 중생들에 일승一乘의 근기가 있어 한 번만 건드리면 문득 굴러 반드시 뒷날에 이익 됨이 있을 것을 관찰하였고, 셋째는 또 학자들이 삼승십이분三乘十二分과 교설에 막혀서 삼현賢 사과果 등을 집착하고 이름과 모습을 분별하기만 하니 언제 깨닫겠는가? 그런 까닭에 서쪽으로부터 오셔서 사람의 마음을 곧장 가리키어 견성성불見性成佛하여 부처님들과 어깨를 나란히 하게 하셨다는 것입니다.

모든 감각기관과 그 작용이 도입니다. 도라고 하는 것은 법계法界를 이르는 말이며, 우주의 모든 존재는 법계를 벗어나 있지 아니하며, 법계가 이 마음입니다.

듣는 귀와 들리는 소리는 구분되어 있지 않습니다. 싫어하는 소리도 마음이고 좋아하는 소리도 마음입니다. 모든 소리를 화두·염불·기도로 바로 보아 일념이 되면 어떤 소리를 듣고서도 깨달음을 이룰 수 있습니다.

아라남: 마음의 크기를 나타냅니다.
아라다: 마음의 능력을 나타냅니다.

경을 열어 주시기를 청함

천수천안관자재보살광대원만무애대비심대다라니계청
千手千眼觀自在菩薩廣大圓滿無碍大悲心大陀羅尼啓請

'천수천안 관자재보살 광대원만 무애 대비심 대다라니'는 위에서 살펴보았습니다.

'계청'은 『천수경』을 열어 주시기를 청하는 말입니다. 이제 『천수경』을 열어 주시기를 청하며 말합니다.

조주 선사가 상당하여 말하였습니다.

"나는 본분사本分事로서 사람을 대한다. 만약 나로 하여금 근기 따라 사람을 대하게 하면 삼승십이분교三乘十二分教가 있게 된다. 삼승은 성문·연각·보살을 말하며, 십이분교는 팔만사천대장경을 성질별로 분류해 놓은 것이다. 본분사란! 석가모니 부처님께서 2,600여

년 전에 6년의 고행 끝에 부다가야의 보리수 아래에서 새벽에 샛별을 보시고 정각正覺을 이루신 후, 자리에서 일어나 만유萬有를 둘러보시며 감탄하며 말씀하셨다. 일체 중생이 모두 여래와 같은 지혜 덕상이 있건만 분별 망상으로 깨닫지 못하고 있구나!"

중생에는 유정중생·무정중생·무색중생이 있습니다. 유정중생은 사람이나 동물처럼 정이 있는 중생, 무정중생은 나무, 돌, 산, 강 등 정이 없는 중생, 무색중생은 물질이 없고 생각만 있는 중생을 말합니다. 이러한 일체 중생이 지혜 덕상을 갖추고 있는 부처인데 분별 망상에 가로 막혀 부처인 줄 모르고 있다는 것입니다. 그렇다면 분별 망념이 무엇이길래 자기가 본래 부처인 줄 알지 못하고 있는 것일까요?

그것은 무명심無明心의 착각 때문입니다. 대표적인 것으로 자아自我, 즉 내가 있다는 착각입니다. 우주에 존재하는 모든 것은 스스로 존재할 수 없습니다. 내가 있으려면 네가 있어야 하고, 네가 있으려면 내가 있어야 합니다. 네가 없으면 내가 없고, 내가 없으면 네가 없습니다. 나는 너로 인하여 있기 때문에 나는 스스로 있을 수 없으므로 나는 있는 것이 아닙니다. 즉 무아無我입니다. 너도 이와 같습니다.

칼은 본체이고 잘리는 대상은 작용입니다. 잘리는 것이 없으면 칼도 없으며, 칼이 없으면 잘리는 것도 없습니다. 대상인 잘리는 것의 입장에서는 잘리는 대상이 본체이고 칼이 작용입니다. 지금 좋아하는 마음이 있다면 좋아하는 마음이 작용이고, 싫어하는 마음이 본체입니다. 지금 싫어하는 마음이 있다면 싫어하는 마음이 작용이고, 좋아하는 마음은 본체입니다. 체와 용이 둘이 아니고 원인과 결과가 둘이 아닙니다.

지금 TV를 볼 때 눈이 없으면 TV가 없고, TV가 없으면 눈 또한 없습니다. 눈이 TV이고 TV가 눈입니다. 행복과 불행도 다르지 않습니다. 그러나 우리는 모든 것을 둘로 보고 서로 대립시켜 놓고 있습니다. 대립과 착각 속에서 참된 행복은 있을 수 없습니다.

둘이 아닌 것이 '불이법不二法'이고, 있는 것도 아니고 없는 것도 아닌 것이 '무아'이며, 불이법과 무아가 마음입니다. 부처·불성·공·열반·해탈·반야·지혜·중도 등 모래알 같이 많은 명호는 모두 마음의 별칭입니다.

이제 『천수경』을 열어 나가며 잠시라도 이 마음이 부처이고 본분사라는 생각을 잊는다면 부처님의 뜻을 알 수 없고 『천수경』을 열어 나갈 수 없습니다. 망념을 여의는 것이 비록 쉬운 일이 아닐지라도 우리는 꼭 해내야만 합니다.

계수관음대비주 稽首觀音大悲呪
관음보살 신주앞에 머리숙여 비옵니다.

관세음보살과 신묘장구대다라니는 우리의 마음입니다. 관세음보살과 대다라니 앞에 머리 숙여 절하고 비는 것은 참선·염불·기도를 통하여 분별 망념의 삿된 마음에 머물지 않고 바른 마음에 머무는 것입니다.

원력홍심 상호신 願力弘心相好身
그 원력이 위대하고 상호또한 거룩하사

　보살은 원에 의해서 나고 중생은 업에 의해서 납니다. 보살의 원은 오직 중생 제도의 원력입니다. 일체 중생이 본래 부처라는 것을 알려주기 위해서 방편으로 몸을 나투고 있습니다. 그러나 중생은 티끌처럼 많은 망념으로 업을 지어 업에 의해서 태어납니다. 중생인 나는 어느 곳에서 왔다가 어느 곳으로 가는지 모릅니다. 소가 코 뚫에 꿰어 끌려 다니듯이 업의 코 뚫에 꿰어서 한없이 끌려 다니고 있습니다. 참으로 불쌍하고 처량한 것이 중생살이입니다. 우리는 하루 바삐 이 업의 굴레에서 벗어나 대자유의 삶을 사는 자유인이 되어야 합니다.

　불보살님은 32상相 80종호種好의 거룩한 모습을 지니고 있습니다. 32상 80종호는 글로 표현하기 어려울 만치 거룩하고 훌륭한 모습과 뛰어난 능력을 말합니다. 그러나 이렇듯 거룩하고 뛰어난 능력을 갖춘 32상 80종호는 심상心相으로 인한 것입니다. 즉 마음의 모양인 것입니다. 그래서 32상은 모양에 속한 것이니 '범소유상凡所有相 개시허망皆是虛妄', 즉 '무릇 모양 있는 것은 모두 허망하다'라고 하였으며, 80종호는 색, 물질에 속한 것이니 '약이색견아若以色見我 시인행사도是人行邪道 불능견여래不能見如來', 즉 '만약 겉 물질로 나를 보려 한다면 이 사람은 삿된 도를 행하는 것이니 여래를 볼 수 없느니라'고 하신 것입니다.

32상이란 곧 32가지 거룩한 행을 뜻하며, 오관五官인 눈·귀·코·혀·몸으로는 6바라밀인 보시·지계·인욕·정진·선정·지혜를 닦으며, 생각으로는 모양이 없고 행위가 없음을 닦으면 이것을 32가지 청정행이라 이름합니다. 이렇게 32가지 거룩한 행을 항상 닦으면 곧 부처를 이루게 될 것이며, 만일 32가지 거룩한 행을 닦지 않으면 마침내 성불할 수 없고, 다만 32가지 상을 애착하기만 하면 마침내 여래를 보지 못하리라 하셨습니다.

32상 80종호를 포함하여 일체의 존재가 모두 심상心相으로 인한 마음의 모습입니다. 153억 년 전 하나의 티끌이 폭발(빅뱅)하여 헤아릴 수 없는 은하계가 생성되었습니다. 그렇다면 허공에 나타난 하나의 티끌은 어디서 온 것인가? 그 하나의 티끌은 이 마음의 작용이며, 이 마음의 모양입니다. 나의 마음이고 우리들의 마음입니다. 나와 우리들은 마음의 작용입니다. 작용이 마음이고 마음이 작용이며, 용이 체이고 체가 용으로서 나와 너는 둘이 아닌 것입니다.

천비장엄보호지 千臂莊嚴普護持
일천팔로 하나하나 온중생을 거두시고

일천 개의 팔은 일천 개의 손과 같은 말입니다. 관세음보살께서 두 개의 손이 아니라, 천 개의 손을 갖추어서 보살펴 주기를 원하는 중생의 바람은 두 개의 손과 천 개의 손이 다르다는 분별심 때문입니다. 그렇다면 두 개의 손과 천 개의 손은 다르지 않은 것일까요?

손은 스스로를 만질 수 없고 잡을 수도 없습니다. 만져지고 잡히는 대상인 조건이 있어야 하고, 만져지고 잡히는 대상 역시 손이라는 조건이 있어야 합니다. 손이 없으면 대상이 없고 대상이 없으면 손도 없습니다. 그래서 만져지는 대상이 있을 때 손이 있으므로 손은 스스로 있을 수 없어서, 손은 있는 것이 아닌 것이 되어 무아無我입니다. 만져지는 대상도 손으로 인하여 있을 뿐 스스로 있을 수 없기 때문에 있는 것도 아닌 무아입니다.

그러나 대상이 있는 것은 손으로 인하여 있기에 손은 없는 것도 아니며, 대상 또한 없는 것도 아닙니다. 있는 것이 아닌 무아, 즉 진공眞空이 되면 없는 것도 아닌 묘유妙有가 되는 도리입니다.

둘은 하나로 인하여 있고, 하나는 둘로 인하여 있으며, 천 역시 하나로 인하여 있습니다. 하나다, 둘이다, 천이다 하는 분별이 끊어진 자리가 진공이고, 진공이 되면 묘유가 됩니다. 여기서 주의할 것이 하나 있습니다. 그것은 진공이 되면 묘유가 된다 하여 진공과 묘유가 따로 있을 것이라는 생각입니다. 빛이 밝음이고, 밝음이 빛인 것과 같이 망념이 끊어진 것이 참마음이고, 참마음이 망념이 끊어진 것으로서 '진공이 묘유이고 묘유가 진공'인 이것이 중도中道이며 우리들의 마음입니다.

도명道明 스님이 대유령 꼭대기까지 달려와서 6조 선사를 찾았을 때 6조 선사가 묻기를 "그대는 무엇을 구하러 왔는가? 옷을 구하는가, 아니면 법인가?" 하니, 도명 스님이 "옷이 아니라 오로지 법을 위하여 왔습니다"라고 하였습니다. 6조께서 말씀하시기를 "네 잠시 마음을 거두고 선도 악도 전혀 생각하지 말라" 하시자 도명 스님이 말씀을 받드니, 6조께서 "선도 생각하지 말고 악도 생각하지 말라. 바로 이러할 때 부모가 낳기 이전 그대의 본래면목을 나에게 가져와 보아라" 하셨습니다. 도명 스님이 이 말을 듣고 곧바로 묵연히 계합하고 깨달아 문득 절하며 말하기를 "마치 물을 마셔보고 차고 더움을 스스로 아는 것과 같사옵니다. 제가 5조의 문하에서 30년 동안 잘못 공부하다가 오늘에야 비로소 지난날의 잘못을 깨달았습니다" 하자, 6조께서 말씀하시기를 "그렇도다"라고 하셨습니다.

선도 악도 전혀 생각하지 않는 것은 망념이 끊어진 진공이고, 물을 마셔보고 차고 더움을 스스로 안다는 것은 물을 마셔보아야, 망념이 끊어져야 차고 더움의 모유를 깨달을 수 있다는 것입니다. 또한 선과 악을 여의는 것이 쌍차雙遮, 즉 선과 악을 막는 것이고, 선과 악을 막아 물을 마시는 쌍차가 되면 차고 더움을 스스로 아는 쌍조雙照, 즉 밝음이 비추는 것입니다. 진공과 모유가 쌍차, 쌍조입니다.

관세음보살의 일천 개의 손과 팔은 적고 많음과 좋아하고 싫어하는 모든 분별심을 떠난 우리들의 마음입니다. 그러나 지금까지 망념에서 벗어나지 못한 중생들로 인하여 천수대비千手大悲가 오늘에 이르렀습니다.

천안광명변관조 千眼光明偏觀照
일천눈의 광명으로 온세상을 살피시며

관세음보살은 일천의 눈으로 온 세상을 어떻게 살피시는가?

대주 선사는『돈오입도요문론』에서 다음과 같이 말하였습니다.

"어떤 것이 바로 보는 것입니까?"

"보는 바 없음을 보는 것이 바로 보는 것이니라."

"어떤 것이 보는 바 없음을 바로 보는 것이라 합니까?"

"일체 색色을 볼 때에 물들거나 집착함을 일으키지 아니함이니, 물들거나 집착하지 아니한다 함은 사랑하고 미워하는 마음을 일으키지 않는 것이므로, 곧 보는 바 없음을 본다고 하는 것이니라. 만약 보는 바 없음을 얻었을 때를 곧 부처님의 눈이라 하나니, 다시 별다른 눈이란 없느니라. 만약 일체 색을 볼 때에 사랑하고 미워하는 마음을 일으키게 되면 보는 바가 있다고 하는 것이니, 보는 바가 있음이 곧 중생의 눈이라. 다시 별다른 눈을 가지고 중생의 눈이라 할 것이 없으니, 내지 다른 오근五根도 또한 이와 같으니라."

마음이 보고, 보는 것이 마음이며, 마음을 보는 것인 줄 모르고 사랑하고 미워하는 마음으로 본다면 그것은 생멸망념인 중생의 눈이며, 그런 생각을 떠나서 보면 그것이 중도정견中道正見의 부처님 눈입니다.

"일체 색상色像을 대할 때는 곧 본다고 하나, 일체 색상을 대하지 않을 때도 또한 본다고 할 수 있겠습니까?"

"보느니라."

"물건을 대할 때는 설령 보는 것이 있다고 하더라도 물건을 대하지 않을 때는 어떻게 해서 보는 것이 있습니까?"

"지금 내가 본다고 하는 것은 물건을 대하거나 물건을 대하지 않거나를 논하지 않는다. 왜냐하면 본다고 하는 그 성품은 영원한 까닭에 물건이 있을 때도 보고 물건이 없을 때도 또한 보는 것이다. 그런 까닭에 물건(知物)에는 본래 스스로 가고 옴(去來)이 있으나, 본다는 성품에는 가고 옴이 없음을 알지니, 다른 모든 감각기관도 이와 같으니라."

일체 색상인 물건에 대하여 있고 없고, 보고 안 보고, 또는 항상하고 항상하지 않다고 하는 것은 망념으로 내가 물건에 대해 일으키는 분별심입니다. 망념 속에서 6근의 작용과 망념을 여읜 6근의 작용은 같을 수 없습니다. 망념 속에서의 있음과 없음, 봄과 안 봄, 오고감은 서로 대립하고 간단間斷의 끊어짐이 있으나 성품에는 있음과 없음, 봄과 보지 않음, 가고 옴이 서로 융통하여 끊어짐이 없습니다.

"바로 물건을 볼 때에 보는 가운데 물건이 있습니까?"
"보는 가운데 물건이 서지(不立物) 못하니라."

여기서 본다는 것은 성품, 마음이 보는 것이고, 보이는 것도 마음으로서 마음에는 부처와 중생 그리고 어떤 물건도 있지 않으므로 서지 못한다고 하신 것입니다.

"바로 물건이 없음을 볼 때 보는 가운데 물건 없음이 있습니까?"

"보는 가운데 물건 없는 것도 서지(不立無物) 못하니라."

물건이 있을 때 물건이 있다고 하고 물건이 없을 때는 물건이 없다고 하는데, 지금 물건이 없음을 볼 때 물건 없음이 있지 않겠느냐 하는 것으로, 이것도 망념입니다. 있음은 없음으로 인하여 있고, 없음은 있음으로 인하여 있습니다. 있음과 없음은 스스로 있을 수 없습니다. 있음이 없음이고 없음이 있음이니, 있음과 없음은 '있는 것도 아니고 없는 것도' 아닙니다. 있음과 없음은 서로 걸림 없이 융통하는 이것이 중도정견이고 마음입니다.

"소리가 있을 때엔 설령 들을 수 있다고 하지만, 소리가 없을 때에도 들을 수 있습니까?"

"역시 듣느니라."

"소리가 있을 때엔 설령 들을 수 있다고 하지만 소리가 없을 때는 어떻게 듣습니까?"

"'지금 듣는다'고 하는 것은 소리가 있거나 없거나를 논하지 않는다. 왜냐하면 '듣는다'는 성품은 영원한 까닭에 소리가 있을 때도 듣고 소리가 없을 때도 또한 듣느니라."

사람은 귀와 소리가 둘이어서 소리가 있으면 귀가 듣고 소리가 없으면 귀가 듣지 못한다고 합니다. 그러나 귀가 소리를 들을 때 귀와 소리가 둘이 아닙니다. 듣는 것과 들리는 것이 성품이고 마음입니다. 이 마음은 끊어짐이 없기 때문에 소리가 있을 때도 듣고 소리가 없을 때도 듣는 것입니다.

"이렇게 듣는 자는 누구입니까?"
"이는 자기의 성품이 듣는 것이며 또한 아는 이가 듣는다고 하느니라."

이것은 마음이 듣는 것이며, 아는 이가 듣는다는 것은 소리를 듣다 안 듣다, 소리가 있다 없다 하는 분별심이 끊어진 사람이며, 6근의 일체 작용을 마음으로 바로 보는 사람입니다.

따라서 화두·염불·기도할 때 일체를, 우주를 한마음으로 보고 정진해야 합니다.

진실어중선밀어 眞實語中宣密語
참된말씀 베푸시어 비밀한뜻 보이시고

부처님의 말씀은 모두 사람을 교화하기 위한 것입니다. 이것은 마치 누런 나뭇잎을 돈이라 하여 어린아이의 울음을 억지로 그치게 하는 것과 같다고 하였습니다. 누런 나뭇잎은 돈이 아닌 것과 같이 지금 말하고 있는 말씀(言語)이 아니라, 지금 말씀하는 것이 마음이라는 것을 알려주기 위해서 말씀하신 것입니다. 그런데 부처님의 말씀을 듣고 훌륭한 말씀이다, 참된 말씀이다 하여 그 무엇인가 얻을 것이 있다고 한다면 이는 부처님의 뜻을 져버리는 것입니다. 그래서 경에 말씀하시기를 실로 조그만 어떤 법도 얻을 것이 없는 것을 아뇩다라삼먁삼보리, 무상정등정각이라 부른다고 하였습니다.

말씀 아닌 것이 참된 말씀이고, 비밀한 뜻 아닌 것이 참된 비밀한 뜻입니다.

무위심내기비심 無爲心內起悲心
하염없는 자비심을 끊임없이 베푸시니

하염없는 자비심이란 무위심無爲心을 말합니다. 함이 없고 행이 없는 마음은 무위심이고, 함이 있고 행이 있는 마음은 유위심有爲心입니다. 어려운 이웃을 돕거나 누구를 사랑할 때 돕는다, 사랑한다는 마음을 내는 것이 유위심입니다. 타인에게 물질적이나 정신적으로 돕거나 사랑한다면 십여 배의 물질과 사랑으로 돌아옵니다. 이것이 과보입니다. 그러나 무위심은 내가 돕는다, 사랑한다는 마음을 내지 않는 마음입니다. 유위심은 좋아하고 싫어하는 마음이기 때문에 끊어짐이 있습니다. 그러나 무위심은 싫어하고 좋아하는 마음이 없기 때문에 끊어짐이 없어서 과보 또한 없습니다. 그래서 무위심은 하염없는 자비심을 일으키고 베푸는 것입니다.

좋아하고 싫어하는 분별심이 끊어진 자리가 진공의 무위심이고 분별심이 끊어지면 묘유가 되는 것과 같이, 무위심이 되면 기비심起悲心이 되는 것입니다.

또한 경에 이르기를 '응무소주應無所住 이생기심而生其心', 즉 마땅히 머물지 않으면 마음이 난다고 하였습니다. 망념에 머물지 않으면 참마음이 나는 것입니다.

　중생은 관세음보살의 두 손과 두 눈은 싫어하고, 천 개의 손과 천 개의 눈은 좋아합니다. 그러나 관세음보살은 이러한 분별심이 없어서 두 손과 두 눈이 베푸는 자비와 천 개의 손과 천 개의 눈이 베푸는 자비가 조금도 다르지 않기 때문에 하염없고 끊임없는 자비심을 베푸시는 것입니다.

　이와 같은 무위심의 바탕에는 유위심이 있어야 합니다. 비록 마음을 내어 이웃을 돕고 사랑을 베푸는 것이 함이 있는 마음일지라도, 이런 유위의 반복심反覆心은 끝내 행이 없는 무위심을 이루기 때문입니다. 왜냐하면 불행한 이웃을 돕지 않고 사랑도 베풀지 못하여 유위심마저 없는 사람은 스스로의 선근善根을 잘라내어 무위심을 이룰 수 없기 때문입니다.

　살타 태자가 새끼를 낳고 굶주려 누워 있는 호랑이에게 조금도 주저함이 없이 자신의 몸뚱이를 던져 줄 수 있었던 것은, 반복해서 돕고 베푸는 마음이 있었기 때문입니다. 살타 태자는 석가모니 부처님의 전생 인연이었습니다. 화두·염불·기도할 때 일체를 한마음으로 보아 정진하면 이 몸이 몸이 아니라는 무위행이 되어 하염없는 자비심을 베풀 수 있습니다.

　속령만족제희구 速令滿足諸希求
　영사멸제제죄업 永使滅除諸罪業
　저희들의 모든소원 어서속히 이루옵고
　모든죄업 남김없이 깨끗하게 씻어이다

모든 죄업은 함이 있고 행이 있는 유위심으로 인한 것으로, 모든 소원을 이루고자 한다면 모든 죄업이 깨끗하게 소멸되어야 합니다. 우리의 소원은 행복과 불행이 대립하고 교차하는 그런 행복이 아닙니다. 28천天의 가장 높은 곳인 비상비비상천非想非非想天의 중생은 약 8백만 억 년의 장구한 천상락을 누리지만 복이 다하면 다시 떨어집니다. 우리가 바라는 소원은 이와 같이 생멸이 있는 복이 아니고 영원한 행복, 영원한 대자유가 우리의 참된 소원입니다.

참된 소원을 이루기 위해서는 모든 죄업의 근본인 분별 망념의 삿된 마음에 벗어나 바른 마음인 무심, 무념에 머물러야 합니다. 바른 마음에 머문다는 것은 분별 망념을 화두·염불·기도로 바로 보는 것이며 망념을 바로 보면 무심, 무념이 되어 모든 죄업이 깨끗하게 씻어져서 모든 소원이 이루어지는 것입니다.

천룡중성동자호 天龍衆聖同慈護
하늘과용 모든성현 또한함께 보살피사

삼계의 욕계·색계·무색계 중생들은 각자 분수에 따라 어느 정도 차이가 있겠지만 근본적으로 모두 참마음을 떠난 이방인 내지 실향민들입니다. 그러므로 우리가 참마음을 찾아서 생사 고통의 윤회계에서 유랑하는 방랑자의 삶을 끝내고자 한다면 모든 번뇌 망념을 여읜 무심, 무념이 되어야 합니다. 무심은 부처님의 마음자리이고 우리의 마음자리입니다. 무념을 종취宗趣로 삼고 망심이 일어나지 않음을 참뜻으로 삼으며, 청정을 본체로 삼고 지혜로써 활용을 삼아서 이러한 무념법無念法의 가운데 머물러 마음의 공덕으로 금색의 32상을 갖추어 큰 광명을 놓아서 삼계를 남김없이 비추는 이것이 하늘과 용, 모든 성현들을 또한 함께 보살피는 것입니다.

백천삼매돈훈수 百千三昧頓熏修
백천가지 온갖삼매 한꺼번에 깨쳐이다

삼매는 정定·등지等持·심일경성心一境性·정수正受 등으로 마음이 움직이지 않고 평등하며, 진여불성의 본래 자리에 머무르고, 모든 것을 올바르게 받아들인다는 뜻입니다. 삼매는 위에서 말한 무심과 다르지 않습니다.

달마 선사는 『관심론』에서 "이 마음 가운데 항하사 수호의 나쁜 생각이 있으며, 낱낱의 한 생각 가운데에 모두 한 겁이 있다. 항하사라 함은 헤아릴 수 없다는 뜻이니 탐·진·치 삼독의 나쁜 생각이 항하의 모래 같으므로 헤일 수 없다"고 하였습니다. 또 현대 과학에서는 한 생각이 1초 사이에 4조兆 번이나 바뀌며, 1초 동안 우리가 기억할 수 있는 생각은 4개 정도라고 하였습니다. 그러나 마조 선사는 "갖가지 법이, 즉 생각이 일어나는 자리마다 각기 수없이 많은 삼매문三昧門이 따르는데 거기에는 일체의 인식작용, 그리고 편견 따위는 존재하지 않는다. 이를 총지문摠持門 또는 시문施門이라고 한다"라고 하였습니다.

중생은 어째서 티끌과 같이 많은 생각 가운데 한 생각마다 티끌과 같은 많은 변화를 보이는 번뇌 망념에서 벗어나지 못하는 것일까?

그것은 티끌 하나를 놓고 이것은 티끌이다 아니다, 옳다 그르다, 티끌이 있다 없다, 티끌을 놓고 좋다 싫다 하는 등의 허다한 분별로 본체와 작용이 둘이 아니라는 것을 모르는 무명심無明心이 원인입니다. 그것은 우리가 우주에 존재하는 모든 물질과 현상이 독립하여 존재한다는 잘못된 믿음 때문입니다.

그러나 우주에 존재하는 모든 물질과 현상은 스스로 존재하지 못하고 대상에 의하여 존재할 뿐입니다. 마음은 자체만으로 마음일 수 없으며 대상과 관계 지어질 때에만 마음일 수 있고, 대상 또한 그 자체만으로 대상일 수 없으며 마음과 관계 지어질 때에만 대상일 수 있습니다. 그러므로 모든 존재는 절반의 인생, 절반의 모습, 미완성의 상태로 존재하고 있습니다. 우리는 이 절반의 인생, 절반의 모습을 잘 이해해야 합니다. 미완성의 현상을 잘 이해함으로써 이 세상의 일체 만물이 본래 한마음인 것을 깨달을 수 있습니다.

절반의 모습은 '있는 것도 아니고 없는 것도 아니며', 절반의 모습은 분별 망념이 끊어진 진공의 자리이고 본체이기 때문입니다.

혀는 스스로를 맛볼 수 없고 음식을 맛볼 수 있으며, 음식은 스스로 맛보일 수 없고 혀로 하여금 맛보일 수 있으며, 눈은 스스로를 볼 수 없고 컴퓨터를 보며, 컴퓨터는 스스로를 보일 수 없고 눈에게 보이게 하며, 귀는 스스로를 들을 수 없고 핸드폰 소리를 듣고, 핸드폰 소리는 스스로를 들을 수 있게 하지 못하고 귀에게 들을 수 있게 하며, 촛불은 스스로를 밝게 하지 못하고 대상을 밝게 하며, 대상은 스스로를 밝히지 못하고 촛불이 밝히게 합니다. 촛불과 대상, 혀와 음식, 눈과 컴퓨터, 귀와 핸드폰 소리는 서로 다르지 않습니다.

그러나 이와 같이 바르게 보지 못하는 것은 견해와 생각의 장애를 받기 때문입니다.

　만약 촛불의 생각을 내면 밝히는 대상의 생각을 내게 되고, 혀의 생각은 음식의 생각을, 눈의 생각은 컴퓨터의 생각을, 귀의 생각은 소리의 생각을, 나라는 생각은 너라는 생각을 내게 되므로 어떤 생각과 견해도 내어서는 안 됩니다.

　그러나 미혹한 중생은 보고, 듣고, 맛보고, 느끼고, 아는 모든 것에 견해를 내어 좋아하고 싫어함에 집착하여 시작도 끝도 없는 무량한 세월 동안 습관적인 업을 지어 생사의 바다에 빠져 고통받고 있는 것입니다.

　영국의 물리학자 스티븐 호킹(Stephen William Hawking) 박사는 물질의 근본을 무無, 즉 없다 하였으며, 어느 과학자는 모든 현상을 화면에 비치는 모양과 같은 홀로그램 입체사진이라 하였고, 부처님께서는 생의 현상은 꿈과 허깨비 같고, 물거품과 그림자와 같고, 또한 이슬과 번개와 같다고 하셨습니다.

　달마 조사가 말한 항하사 수효의 나쁜 생각이 있고, 낱낱의 생각 가운데에 모두 한 겁이 있는 것과, 과학에서 한 생각이 1초 사이에 4조 번이나 바뀐다는 것을, 마조 선사는 그 수없는 모든 생각이 그대로 모두 삼매라고 하였으니 그 뜻은 무엇인가?

　우리들의 4조 번이나 바뀌는 낱낱의 나쁜 생각들은 모두 나라는 생각과 너라는 생각으로 너와 내가, 나의 마음과 너의 마음이 서로 다르다는 생각으로 인해 나와 너를 좋아하고 싫어하는 등의 헤아릴 수 없는 분별 망념으로, 이 분별 망념으로 인한 이 세상의 모든 존재는 꿈과 허깨비, 물거품, 그림자, 또한 이슬과 번개와 같은 것입니다.

그러나 우리의 생각은 태초부터 분별 망념에 조금도 오염되지 않았습니다. 이는 마조 선사의 일체의 인식 작용과 편견이 본래 존재하지 않는 삼매문이라는 말과 뜻을 같이 합니다. 이 깊은 뜻은 오직 깨달은 자만이 이해할 수 있습니다.

눈에 병이 나면 허공에 어지러이 허공 꽃이 핍니다. 눈병에 의해서 허공 꽃이 있는 것이지 본래 허공에는 허공 꽃이 없었으니, 눈병이 깨끗하게 다 나으면 허공 꽃도 없는 것입니다.

과학에서 우리 몸은 대략 60조의 세포 조직으로 이루어져 있으며, 하나의 세포는 1초 동안 수십억 번 변화하다가 1/75의 1초 사이에 수명을 다하고 새로운 세포가 다시 태어나는데 이 세포의 변화 작용이 우리의 생각입니다. 세포는 원소에 의해서 이루어지고, 원소는 원자에 의해서 이루어지며, 원자는 쿼크로, 쿼크는 힉스에 의하여 이루어진다고 합니다. 이러한 소립자 중에서 최초 질량으로 나타나는 시점은 양성자를 중심핵으로 전자 하나가 돌면 수소이고, 원자핵을 중심으로 전자 두 개가 돌면 헬륨이며, 전자가 여섯 개가 돌면 탄소이며, 전자 수에 따라 산소, 수소, 질소, 탄소 등의 차이가 생기며, 플루토늄은 전자가 242개, 라듐은 226개의 전자가 원자핵 주위를 돌기 때문에 파괴하는 힘이 강해진다고 합니다. 이 힘의 존재 여부와 힘의 강함과 약함에 대한 인식이 최초 질량으로 인식하게 되는 시점입니다.

전자와 원자핵 중성자의 진동과 회전을 본체로 보고, 질량의 존재 유·무와 힘의 강·약을 작용으로 보아, 본래 체와 용이 다르지 않으나 체와 용을 둘로 보는 어리석음으로 인하여 유무나 강약, 좋아하고 싫어하는 분별의 생각이 일어나는 것입니다.

153억 년 전 하나의 티끌이 빅뱅으로 우주를 이루기 전에 이 티끌은 힉스·쿼크·원자·원소 등의 모든 입자를 포함하고 있는 형상입니다. 물질의 최소 입자인 힉스는 무엇인가? 마음은 대상과 관계 지어질 때에만 마음일 수 있고, 대상은 마음과 관계 지어질 때에만 대상일 수 있으며, 대상을 보는 것은 마음을 보는 것으로서 힉스를 보는 것은 마음을 보는 것입니다. 힉스는 자체만으로 힉스일 수 없으며 쿼크와 관계 지어질 때에만 힉스일 수 있고, 쿼크 또한 자체만으로 쿼크일 수 없으며 힉스와 관계 지어질 때에만 쿼크일 수 있습니다.

다른 입자인 전자, 원자핵, 중성자, 산소, 수소 등의 모든 입자들이 이와 다르지 않습니다. 칼은 스스로를 자를 수 없고 대상을 자릅니다. 칼은 체이고 잘리는 대상은 용입니다. 대상의 입장에서는 대상이 체이고 칼이 용이니, 체가 용이고 용이 체입니다.

힉스가 질량을 부여하여 쿼크를 이루고, 쿼크가 질량을 부여하여 원자를 이루며, 원소로 이어져 결국에는 물질을 이룬다는 이런 무지의 계급적, 수직적인 이단론에서 벗어나 평등의 지혜에 머물 때, 낱낱의 항하사의 나쁜 생각과 1초 동안 4조 번이나 변하는 망령된 생각에서 생겨난 꿈과 허깨비·물거품·그림자·이슬과 번개 같은 모든 모습과 현상은 삼매의 빛에 의해서 스스로의 모습과 현상 속으로 녹아들고 흩어져 버릴 것입니다. 상대적인 양변이 대립하지 않아서 장애가 없으면 진공이고 체이며, 융통하면 묘유이고 작용이니, 체가 용이고 용이 체입니다.

그러므로 번뇌 망념이 구경의 깨달음이고 구경의 깨달음이 번뇌 망념이며, 부처가 중생이고 중생이 부처인 이것이 삼매이며 도道이고 마음이라 이름합니다.

마조 선사가 백장 스님에게 물었습니다.

"자네는 사람들에게 어떤 법을 가르쳐 주었는가?"

그러자 백장 스님이 불자를 세워 보였습니다. 마조 선사가 말했습니다.

"그것뿐인가? 아니면 다른 것이 또 있는가?"

백장 스님은 불자를 내던지고 나갔습니다.

백장 스님이 재차 마조 선사를 찾아왔습니다.

마조 선사는 의자 위의 불자를 쳐다보았습니다. 백장 스님이 물었습니다.

"이것은 용用과 하나입니까, 아니면 용을 여의었습니까?"

마조 선사가 말했습니다.

"입을 열어 장차 사람들을 위해 무엇을 하겠다는 것인가?"

백장 스님은 곧 불자를 세워 보였습니다. 마조 선사가 말했습니다.

"이것은 용과 하나인가, 아니면 용을 여의었는가?"

백장 스님은 곧 불자를 제자리에 걸어 두었습니다. 그때 마조 선사가 벼락같이 일할을 했습니다. 이에 백장 스님은 3일 동안 귀가 들리지 않았습니다. 그 후 백장 스님은 신도의 요청으로 대웅산에 머물렀습니다. 그곳의 산세가 지극히 우람하고 가팔라서 백장百丈이라고 불렀습니다.

그곳에 온 지 일 년도 안 되어 사방에서 수행승들이 운집하였습니다. 그 중 위산과 황벽이 가장 뛰어난 이들이었습니다. 어느 날 황벽 스님이 말했습니다.

"마조 선사님을 찾아뵙고 싶습니다."

백장 선사가 말했습니다.

"선사는 이미 입적하셨다."

황벽 스님이 말했습니다.

"어떤 말씀을 하셨는지 궁금합니다."

백장 선사는 생전에 마조 선사를 재차 친견하고 불자를 세워 보였던 이야기를 황벽 스님에게 들려주고 나서 말했습니다.

"불법은 이러한 사소한 일에 있지 않다. 나는 당시 그로 인하여 마조 선사께 일 할喝을 듣고 3일 동안 귀머거리가 된 적이 있었다."

백장 선사의 말을 다 듣고 난 황벽 스님은 부지불식간에 탄식을 했습니다. 이에 백장 선사가 말을 했습니다.

"자네는 이제 마조 선사께 법을 빌러 갈 필요가 없네."

황벽 스님이 말했습니다.

"그렇지 않습니다. 오늘 선사께서 하신 말씀 가운데에서도 마조 선사님의 대기大機의 용用을 웬만큼은 볼 수 있었지만, 아직도 마조 선사님을 잘 안다고 할 수는 없습니다. 만약에 마조 선사님의 법을 그대로 잇는다면, 이후 저희의 후손을 잃지는 않을 것입니다."

백장 선사가 말했습니다.

"옳은 말이다. 명심하라! 스승과 나란히 가면 스승의 덕을 해치게 되며, 스승을 앞서가야 비로소 법을 전해 받을 수 있다는 사실을, 하지만 자네는 스승을 저만치 앞서가고 있는 것 같군!"

불법은 불자를 세워 보이는 이러한 사소한 일에 있지 않다는 것은, 불법은 어떤 제한적인 또는 특정한 일에 있는 것이 아니라 눈·귀·코·혀·몸·뜻의 6근과 6진, 6식의 일체가 그대로 불법이고 대기의 용과 본체와 작용이기 때문입니다.

나는 당시 그로 인하여 마조 선사께 일할을 듣고 3일 동안 귀머거리가 된 적이 있었다 함은, 3일 동안의 귀머거리는 모든 분별 망념이 끊어진 것을 말하며, 백장 선사의 말을 듣고 황벽 스님이 부지불식간에 혀를 토하는 탄식을 한 것은 황벽 스님 또한 모든 분별 망념에서 벗어났다는 것입니다. 그래서 백장 선사가 '자네는 이제 마조 선사께 법을 빌려 갈 필요가 없다'고 한 것입니다.

그러자 황벽 스님이 마조 선사의 대기의 용, 즉 체와 용의 관계를 웬만큼 볼 수 있지만 마조 선사를 잘 안다고 할 수는 없다고 한 것은, 만약 마조 선사를 잘 안다고 하였다면 이는 마조 선사를 추종하는 것으로 불법이 아닙니다.

그래서 백장 선사는 옳은 말이다. 스승과 나란히 가면 스승의 덕을 해치게 되며 스승을 앞서가야 비로소 법을 전해 받을 수 있다고 하였습니다. 일체는 마음으로 스승에게도, 법에도 집착하지 말아야 합니다.

임제 선사에게 어느 스님이 물었습니다.

"불법의 대의大義는 무엇입니까?"

이에 임제 선사는 불자를 세워 보였다라는 말이 있는 것과 같이, 선사들이 즐겨 불자를 세워 보이는 것은 종승宗乘이나 언어로 나타낼 수 없는 당체當體를 단적으로 제시하기 위한 경우가 대부분으로, 이 당체는 어느 곳에 한정적으로 있고 없는 것이 아닙니다.

생각이 수없이 일어났다, 사라졌다 하여 이 생각에 집착하고 저 생각에 집착하는 것은 제한적이고 특정한 일이며 사소한 일인 것입니다.

화두·염불·기도가 일념이 되어야 한마음의 당체를 깨달을 수 있습니다.

수지신시광명당 受持身是光明幢
수지심시신통장 受持心是神通藏
이법지닌 저희몸은 큰광명의 깃발이고
이법지닌 저희마음 신기로운 창고이니

우리의 참마음은 영원한 지혜의 광명이고 삼명육통三明六通, 즉 신통의 창고입니다. 천안통은 삼천대천세계를 보는 것이 겨자씨 한 개를 손바닥 위에 놓고 보는 것과 같은 신통입니다. 삼천대천세계는 10억의 태양계를 말하는데, 이런 10억의 태양계를 손바닥 위의 겨자씨처럼 볼 수 있겠습니까? 만약 생각으로 헤아린다면 그것은 영원히 볼 수 없을 것입니다.

그러나 10억의 태양계와 겨자씨는 모두 티끌이 모여 이루어진 것으로, 좋아하고 싫어하는 허망한 우리의 분별심이 모양으로 나타난 것입니다. 티끌과 10억의 태양계와 겨자씨가, 티끌과 10억의 태양계와 겨자씨가 아니고 이름이 티끌과 10억의 태양계와 겨자씨이며, 모양이 모양이 아닌 우리의 마음으로 이 마음에는 보고 안 보고, 크고 작고, 멀고 가까운 것이 없어서 겨자씨 한 개를 보는 것이나 10억의 태양계를 보는 것이 다르지 않습니다.

이 마음은 산과 강, 석벽을 왕래하여도 걸림이 없고 찰나 사이에 만 리를 왕래하여도 자취가 없으며, 불에 타지도 않고 물에 젖지도 않지마는 지혜가 없는 사람은 몸뚱이로 날고자 합니다.

어느 날 사시공양巳時供養이 막 끝났을 무렵이었습니다. 한 스님이 절 안으로 성큼 들어서더니 위의를 가지런히 하고는 곧 법당으로 올라가 마조 선사에게 인사를 올렸습니다. 마조 선사가 물었습니다.

"어젯밤은 어디에서 지냈는가?"

스님이 대답했습니다.

"문 앞에서 지냈습니다."

"밥은 먹었는가?"

"아직 못 먹었습니다."

"그러면 우선 공양간에 가서 밥부터 먹는 것이 좋겠구먼."

이에 스님은 곧 공양간으로 갔습니다. 그 당시 백장 스님은 선원의 식사 일체를 담당하는 전좌典座라는 소임을 맡고 있었는데, 자신의 몫에서 덜어내어 그 스님을 공양하였습니다.

식사를 마친 스님은 곧 떠났습니다.

법당에 들어온 백장 스님에게 마조 선사가 물었습니다.

"아까 한 스님이 아직 식사를 안 했다고 하기에 그리로 보냈는데, 밥이나 차려 주었는가?"

백장 스님이 말했습니다.

"잘 차려 주었습니다."

"자네는 굉장한 복덕을 지었어."

"무슨 말씀이십니까?"

"아까 그 스님은 벽지불이었다네."

백장 스님이 놀라며 물었습니다.

"인간이신 선사께서 어찌 벽지불의 예경을 받으실 수 있었습니까?"

"신통변화술은 나보다 뛰어나지만, 깨달음으로 말한다면 나보다는 못하지!"

신통변화술은 다만 마음의 작용일 뿐입니다.

삼명육통은 삼명(三明: 천안통天眼通 숙명통宿命通 누진통漏盡通)과 육통(六通: 삼명에 신족통神足通 타심통他心通 천이통天耳通)을 합한 신통입니다.

큰 소리와 작은 소리가 없는 것이 천이통이며, 너와 내가 없는 것이 타심통이고, 빠르고 느림이 없는 것이 신족통이며, 멀고 가까운 것이 없으면 천안통이고, 과거·현재·미래가 없는 것이 숙명통이며, 모든 번뇌 망념과 습기가 다하고 다한 것도 없는 것이 누진통입니다.

이런 몸과 마음이 큰 광명이고 신통의 창고로서, 큰 광명과 신통의 창고인 몸과 마음을 이루기 위해서는 화두·염불 기도를 한마음으로 보아 일념 정진해야 합니다.

세척진로원제해 洗滌塵勞願濟海
세상티끌 씻어내고 괴롬바다 어서건너

세상의 티끌은 우리의 분별 망념입니다. 망념의 티끌 하나가 쌓이고 모여 우주를 이루었습니다. 만약 티끌 하나가 없다면 우주 또한 있을 수 없으며, 우주와 우주에 존재하는 일체는 좋아하고 싫어하는 중생심이 만들어 놓는 것으로 실제로 존재하는 것이 아닙니다. 그래서 부처님께서 모든 모양이 모양이 아니다, 즉 비상非相이라고 하신 것입니다.

힉스가 질량을 부여하여 쿼크를 이룬 것이 아니고, 쿼크는 힉스가 쌓이고 모인 모습입니다. 그러므로 쿼크가 힉스이고, 원자가 쿼크이며, 원소가 원자이고, 티끌이 원소이며, 우주가 티끌이고, 마음이 우주이며, 힉스가 마음인 것입니다.

『반야심경』에서 색즉시공色即是空 공즉시색空即是色, '색(물질)이 곧 공이며 공이 곧 색이다'고 하였습니다. '물질이 곧 공이다'에서, 지금 공이라는 것은 물질이 스스로 공(自空)한 것이지, 물질이 없어져서 공한 것은 아닙니다. 이것은 물질을 보는 분별 망념이 공한 것이지, 물질 자체가 없어진 것이 아니므로 있는 것도 아닌 진공입니다. '공이 곧 물질이다'에서, 지금 물질이라는 것은 이 공의 성품이 스스로 색(自色)인 것이지, 물질이 능히 물질인 것이 아닙니다. 비었다는 공은 물질을 뜻하는 것이나, 그렇다 하여 물질이 능히 물질(能色)인 것이 아니므로 없는 것도 아닌 묘유입니다. 진공이 본체이고 묘유가 작용입니다. 따라서 공이 물질이고 물질이 공이며, 진공이 묘유이고 묘유가 진공이며, 본체가 작용이고 작용이 본체인 것입니다.

달마 조사는 "이 몸은 앎이 없어 초목이나 기와조각과 같고 몸은 감정이 없거늘 어떻게 운동하는가? 마음이 말하고 분별하고 운동하고 보고 듣고 느끼고 아는 것이 모두가 마음의 움직임이며 작용의 움직임이다. 움직임이란 마음의 움직임이요 움직임 그대로가 작용이니, 움직임과 작용 이외에는 마음이 없고 마음 밖에는 움직임이 없기 때문이다. 움직인다면 마음이 아니요 마음은 움직이지 않으니, 움직임이란 본래 마음이 없고 마음은 본래 움직임이 없기 때문이다. 움직임은 마음을 여의지 않았고 마음은 움직임을 여의지 않았으니, 마음에는 여읜다는 것도 여의었다는 것도 없으며, 마음에는 움직인다는 것도 움직였다는 것도 없다. 이는 마음의 작용과 작용한 것이며, 마음의 움직임과 움직인 것이니, 마음 그대로의 작용과 작용한 것이며, 마음 그대로의 움직임과 움직인 것이기 때문이다. 움직임과 작용이 다 같이 마음이나 마음의 근본은 움직임이 없다"라고 하였습니다.

그러므로 경에 말씀하시기를 "움직이되 움직이는 바가 없다 하시니, 종일토록 가고 오되 온 적이 없고, 종일토록 보아도 본 적이 없고, 종일토록 웃어도 웃은 적이 없고, 종일토록 들어도 들은 적이 없고, 종일토록 알아도 안 적이 없고, 종일토록 기뻐하여도 기뻐한 적이 없고, 종일토록 다녀도 다닌 적이 없고, 종일토록 멈추었어도 멈춘 적이 없다"라고 하였습니다.

그러므로 말로써 표현할 길이 끊겼고 마음으로 따질 자리가 없어졌다 하시니 보고, 듣고, 느끼고, 아는 것이 본래가 원적圓寂한지라, 성나고 기쁘고 가렵고 아픔이 어찌 본래의 사람과 다를 것인가! 더욱더욱 미루어 찾건대 아픔과 가려움을 찾을 수 없다 하였습니다.

달마 조사는 진공과 묘유, 본체와 작용을 말한 것으로 화두·염불·기도·정진하여 분별 망념의 세상 티끌을 씻어내기 전에는 다른 길이 없습니다.

초증보리방편문 超證菩提方便門
보리법의 방편문을 뛰어얻게 하여이다

보리는 깨달은 마음인데 깨달은 마음의 방편문을 얻는다는 것은 무엇인가?

배휴 재상이 황벽 선사에게 물었습니다.

"어느 곳이 깨달음입니까?"

"깨달음은 일정한 처소가 없느니라. 부처라 해서 역시 깨달음을 얻는 것이 아니며 중생이라 해서 깨달음을 잃는 것도 아니다. 깨달음은 몸으로 얻지 못하며 마음으로도 구할 수 없는 것이니, 일체 중생이 그대로 깨달음의 모양이니라."

"그러면 어떻게 보리심을 냅니까?"

"보리는 얻는 것이 아니다. 네 지금 얻음이 없는 마음을 내기만 하면 결정코 한 법도 얻을 수 없는 것 그대로가 보리의 마음이다. 보리는 머물 자리가 없기 때문에 얻을 그 무엇도 없다. 그러므로 말씀하시기를, 내가 연등부처님의 처소에서 작은 법도 얻을 수 없었으므로 연등부처님께서 나에게 수기하였다고 하셨다. 일체 중생이 본래 보리이므로 다시 보리를 얻으려 할 필요가 없음을 명백히 알아야 한다.

네 이제 보리심을 낸다는 말을 듣고 한마음을 가지고 배워서 부처를 얻는다고 말하여 오로지 부처가 되려고 한다면, 네가 3대아승기겁을 닦는다 해도 다만 보신·화신의 부처만을 얻을 뿐 참된 성품의 부처와는 아무런 상관이 없는 것이다. 그러므로 말하기를, 밖으로 구하는 모양 있는 부처는 그대와는 닮지 않았다고 하였다."

대주 선사에게 물었습니다.

"어떤 것이 바른 생각입니까?"

"바른 생각이란 오직 보리만을 생각하는 것이다."

"보리는 얻을 수 있습니까?"

"보리는 얻을 수 없느니라."

"이미 얻을 수 없을진댄 어떻게 보리만 생각합니까?"

"보리는 다만 거짓으로 이름을 세운 것이라 실제로 얻을 수 없으며, 또한 과거에도 미래에도 얻을 수 없으니, 얻을 수 없는 까닭에 곧 생각 있음이 없느니라. 오직 이 무념을 진실한 생각이라 하는 것이니 보리는 생각할 바가 없는 것이다. 생각하는 바가 없다는 것은 곧 일체처에 무심함이 생각하는 바가 없음이니, 다만 일체처에 무심함을 알면 이것이 무념이니, 무념을 얻을 때에 자연해탈이니라."

보리심이란 깨달은 마음으로 우리의 마음입니다. 이 마음은 얻을 수 없고 버릴 수도 없습니다. 얻음이 없는 것이 참된 얻음이고, 보리이며 무심이어서 참마음입니다.

아금칭송서귀의 我今稱誦誓歸依
소원종심실원만 所願從心悉圓滿
신기로운 대비주를 읽고외워 원하오니
뜻하는일 마음대로 모든원을 이뤄이다

신묘장구대다라니는 우리의 마음자리를 나타낸 것입니다. 대비주를 읽고 외워 대비주에 귀의하는 것이 이 마음에 귀의하는 것이고, 이 마음에 귀의하는 것이 영원한 행복이고 대자유입니다. 이 마음을 다른 말로 표현한 것이 부처·여래·불성·성품·진여·해탈·열반·공·지혜 등으로 이와 같은 부처님의 팔만사천법문은 오직 이 마음을 가리킨 것으로, 이 마음을 깨달으라고 말씀하신 것입니다.
우리의 소원은 생사를 벗어난 이 마음의 깨달음뿐입니다.

관세음보살 십대원

나무대비관세음 南無大悲觀世音
원아속지일체법 願我速知一切法
나무대비관세음 南無大悲觀世音
원아조득지혜안 願我早得智慧眼

자비하신 관세음께 귀의하여 비옵니다
이세상의 온갖진리 어서속히 알아이다
자비하신 관세음께 귀의하여 비옵니다
부처님의 지혜눈을 어서일찍 얻어이다

자비하신 관세음께 귀의하는 것은 우리의 마음, 진리, 지혜에 귀의하는 것입니다. 부처님께서는 미세하게 아는 어리석음과 극히 미세하게 아는 두 가지 어리석음을 끊으셨습니다.

우주에 존재하는 일체 현상들은 내 마음의 표현이며 내 생각의 투영으로, 우리 자신의 모양이고 우리 자신의 소리와 맛과 느낌입니다. 그러나 앎의 지식은 구하고 바라는 분별심인 망념이고, 지혜는 구하고 얻을 것이 없는 마음입니다.

지혜는 무심이니, 무심이란 삿된 생각이 없음이요 바른 생각이 없는 것이 아닙니다. 삿된 마음은 나다 너다, 있다 없다, 미워하고 사랑하며, 취하고 버리는 모든 분별 대립의 마음이고, 바른 마음은 이런 삿된 마음이 없는 것입니다.

한 생각이 일어나면 만 가지 법이 일어나고, 한 생각이 멸하면 만 가지 법이 멸한다고 하였습니다. 그러므로 한 생각이 일어나면 그것은 망념이고 무심이 아닙니다. 무심이다 하여 어떤 무심이 따로 있는 것이 아니고, 무심 그 자체가 바로 완전한 깨달음입니다.

경에 말씀하시기를 '응무소주 이생기심'이라, '마땅히 머물지 않으면 그 마음이 난다'고 하였습니다. 번뇌에 머물지 않는 것이 무심이며, 그 마음이 난다는 것은 바른 마음이 난다는 것으로, 무심이 바른 마음이고 바른 마음이 무심인 것입니다. 또한 무심이 돈오頓悟입니다. 돈頓이란 찰나 간에 망념을 없앰이요, 오悟란 얻을 것이 없음을 깨닫는 것이라 하였습니다. 이 얻을 것이 없는 무심이 돈오이고 '지혜'이며 '진리'입니다. 우리가 이와 같이 분별 망념이 끊어진 무심이 되기 위해서는 일념으로 정진해야 합니다.

기도祈禱는 빌고 빈다는 뜻입니다. 무엇을 비는 것일까? 분별 망념의 삿된 생각에서 벗어나 지혜의 바른 생각에 머물고자 하는 간절한 염원이 기도입니다.

화두·염불·기도가 일념이 되는 이것이 무심과 진리, 지혜에 귀의하는 것이고 관세음보살께 귀의하는 것입니다.

나무대비관세음 南無大悲觀世音
원아속도일체중 願我速度一切衆
자비하신 관세음께 귀의하여 비옵니다.
한량없는 모든중생 어서속히 건져이다

욕계·색계·무색계의 삼계 내에 있는 한량없는 중생들을 어떻게 속히 건질 것인가?

부처님의 자비는 인연이 없기 때문에 큰 자비(無緣大悲)라 합니다. 사랑함(慈)이란 이룰 만한 부처가 있다는 견해를 내지 않는 것이고, 슬퍼함(悲)이란 제도할 중생이 있다는 견해를 내지 않는 것입니다. 설하시는 법은 설함도 없고 보임도 없으며, 그 법을 듣는 자는 들음도 얻음도 없습니다. 이것은 마치 마술사가 마술로 만들어 놓은 인간을 위하여 설법하는 것과 같다고 하였습니다.

'큰 자비는 인연이 없다' 함은 과보가 없다는 것으로, 베풀고 받는 인연이 없다는 것이고, 이룰 만한 부처가 있다는 견해를 내지 않고 제도할 중생이 있다는 견해를 내지 않으며, 법을 설함도 없고 보임도 없으며, 법을 듣는 자는 들음도 없고 얻음도 없다는 것은 일체 중생이 본래부터 부처이고 지금도 부처이니, 지금 모든 중생을 중생으로 보지 않고 부처로 보는 것이 한량없는 모든 중생을 생사에서 건져 내는 것입니다.

나무대비관세음 南無大悲觀世音
원아조득선방편 願我早得善方便
자비하신 관세음께 귀의하여 비옵니다
팔만사천 좋은방편 어서일찍 얻어이다

부처님께서 설하신 팔만사천대장경은 팔만사천 방편입니다. 부처님께서 말씀하신 것은 모두 사람을 교화하기 위한 것으로, 마치 누런 나뭇잎을 돈이라 하여 우는 어린아이의 울음을 억지로 그치게 하는 것과 같은 이치입니다. 『법화경』에서는 20년 동안 항상 똥을 치게 하셨다고 하였습니다. 또 희론戲論의 똥을 쳐서 없앴다고 하였습니다.

이와 같이 중생의 팔만사천 분별 망념을 없애기 위해서 팔만사천 법문을 설하셨습니다. 지금 이렇게 법문하는 것이 마음이라는 것을 보이기 위한 것이지 말이나 문자를 보이기 위해 설하신 것이 아닙니다. 말과 문자는 방편일 뿐입니다. 그것은 지금 우리가 경전을 볼 때 눈은 스스로 보지 못하고 대상인 경전을 보며, 경전은 스스로를 보이게 하지 못하고 눈에 보이게 합니다. 눈은 스스로 홀로 존재하지 못하고 대상인 경전으로 인하여 있기 때문에 '있는 것이 아니며', 그런 눈으로 인하여 대상인 경전이 있으므로 눈은 '없는 것도 아닙니다.'

우주에 존재하는 모든 물질과 색깔들, 그 존재 여부에 따라 수반되는 상대적인 개념으로 있음과 없음, 크고 작음, 깨끗하고 더러움, 취하고 버림, 선과 악, 좋아하고 싫어함 등 중생을 대변하는 티끌과 같이 많은 분별은 본래 있는 것도 아니고 없는 것도 아닌 것입니다. 모든 것은 다만 마음의 방편일 뿐입니다.

마조 선사는 "눈에 보이는 일체의 대상은 모두 마음이 드러나 보이는 것이다. 마음은 그것만으로는 아무런 의미도 없다. 대상과 더불어 비로소 그 의미를 갖게 된다. 그러므로 여러분이 그때그때 던지는 말 가운데서도 대상 자체는 항상 그대로 진리인 것이며 거기에는 아무런 차이도 없다. 깨달음의 경지도 이와 마찬가지이다. 마음이 생겨나는 것을 현상이라고 하지만, 우리는 또한 그 현상이 공空하다는 사실도 잘 알고 있다. 그러므로 생겨난다고 해도 사실은 생겨나는 것이 아닌 것이다. 이러한 도리를 깨달으면 때에 따라 옷을 입기도 하고, 밥을 먹기도 하며, 성인이 될 소질을 계속 키워 나가면서 흘러가는 대로 삶을 살아나갈 수 있게 되는 것이다. 그 외에 또 무엇이 있겠는가. 나의 말을 명심하라!"고 하였습니다.

마음이 생겨나는 것이 현상이며 그 현상이 공하므로 생겨나는 것이 생겨나는 것이 아니라는 것은, 우리가 대상을 보는 것은 마음을 보는 것이지만, 대상을 볼 때 좋아하고 싫어하는 망념에 막혀 대상을 마음으로 보지 못하고 모양을 보고 있는 것입니다. 삼계인 우주는 오직 마음의 모양이고 방편입니다.

석가모니 부처님께서 2,600년 전 천상의 도솔천에서 내려와 마야 부인의 몸을 통하여 이 세상에 오시어 팔만사천법문을 베푸시어 일체 중생을 제도하셨다 하나, 부처님께서는 '나는 도솔천에서 한 발짝도 움직이지 않고 일체 중생을 제도하였다'고 하셨습니다. 이것은 도솔천에서 내려오신 후 구시나라에서의 열반까지 부처님의 행적인 팔상성도八相成道가 모두 방편이기 때문입니다.

부처님께서는 마야부인의 몸을 통하여 태어나신 직후에 동·서·남·북 사방으로 일곱 걸음 나갔다가 돌아오시고, 하늘과 땅을 가리키며 '천상천하天上天下 유아독존唯我獨尊', 즉 '하늘과 땅 위에 나 홀로 존귀하다' 하셨는데, 나 홀로 존귀하다 하신 것은 부처님이 홀로 존귀하신 것이 아니고 일체 존재가 마음으로서 이 마음이 홀로 존귀하다 하신 것입니다.

이 일에 대해 운문 선사는 "내가 그때 그곳에 있었다면 한 몽둥이로 때려죽인 후 굶주린 개를 배불리게 하였을 것이다. 이것이 부처님의 은혜에 티끌로 보답하는 것이다"라고 하였습니다.

부처님의 팔상성도는 방편입니다. 그러나 이런 방편을 실제로 있는 것이다 한다면 이것은 부처님을 비방하는 것입니다. 사방으로 일곱 걸음 나갔다가 돌아오신 후 천상천하 유아독존하신 방편의 행위에 대해 한 몽둥이로 때려 죽여 굶주린 개를 배불리게 한다는 방편으로 대하는 것이 부처님의 은혜에 티끌만큼이라도 보답하는 것이지, 만약 부처님께서 도솔천에서 내려와 마야부인의 몸을 통하여 태어나신 후 천상천하 유아독존하시고, 사문四門에서 생·로·병·사의 괴로움을 보시고, 출가를 하시어 설산에서 고행을 하셨으며, 보리수나무 아래에서 깨달음을 얻으시고 팔만사천법문을 하신 후 열반하시었다고 한다면 이는 부처님의 방편의 뜻을 저버리는 것입니다.

앞에서 말한 동산 선사가 개울물을 건너다가 자신의 그림자를 보고 크게 깨달은 후 읊은 「과수게」에서

남에게 찾는 일 절대 조심할지니

자기와는 점점 더 아득해질 뿐이네

내 이제 홀로 가나니

가는 곳마다 그분을 뵈오리

그는 지금 바로 나이지만

나는 지금 그가 아니네

모름지기 이렇게 알아야 여여如如에 계합하리라.

라고 하였습니다.

그는 지금 나라는 것은 '있는 것도 아니고', 나는 지금 그가 아닌 것은 '없는 것도 아닌 것으로' 진공과 묘유입니다. 따라서 팔만사천 방편은 있는 것도 아닌 진공입니다. 진공은 또한 묘유이므로 진공이 되면 참된 팔만사천 방편을 얻게 되는 것입니다.

분별이 끊어지면 참됨이 방편이고 방편이 참됨으로, 참됨과 방편이 둘이 아니게 됩니다.

나무대비관세음 南無大悲觀世音

원아속승반야선 願我速乘般若船

자비하신 관세음께 귀의하여 비옵니다

저언덕의 지혜배에 어서속히 올라이다

지혜의 눈을 갖추는 것이 지혜의 배에 오르는 것으로, 모든 것이 내 마음의 표현이며 내 생각의 투영입니다.

6근根은 6진塵과 합하는데 눈은 색과, 귀는 소리와, 코는 냄새와, 혀는 맛과, 몸은 촉각과, 뜻은 법과 제각기 합합니다. 그런 가운데 6식識을 내어 18계界가 됩니다. 이 18계가 어디에도 존재하지 않음을 알면 6화합이 하나로 묶이는데, 이것이 마음입니다.

집착은 존재하지 않는 것에 머무는 것으로, 지혜의 배에 오르는 것은 지혜에 머무는 것이 아닙니다. 분별 망념은 생각과 견해에 머무는 것으로, 지혜에는 생각과 견해가 없고 생각과 견해가 없으면 지혜 또한 없습니다.

황벽 선사에게 물었습니다.

"지금 망념이 일어날 때 부처는 어느 곳에 있습니까?"

"네 지금 망념이 일어난 것을 깨달았을 때에 그 깨달음이 부처님이다. 그런 가운데 망념이 없다면 부처 또한 없느니라. 무엇 때문에 그러한가? 네가 마음을 일으켜 부처의 견해를 지어서 문득 이룰 만한 부처가 있다고 하며, 중생의 견해를 지어서 제도할 중생이 있다고 하는데, 마음을 일으키고 생각을 움직이는 것이 모조리 너의 견해가 작용하는 곳이기 때문이니라. 만약 일체의 견해가 없다면 부처는 어느 곳에 있겠느냐? 마치 문수가 부처라는 견해를 일으키자마자 바로 두 철위산 지옥에 떨어진 경우와 같은 것이다."

지혜라는 견해와 부처라는 견해를 일으키면 그것은 부리에 부리를 더하고 머리에 머리를 더하는 것입니다. 그래서 지혜에는 지혜가 없고, 부처에는 부처가 없고, 마음에는 마음이 없습니다. 망념이 구경각究竟覺입니다. 망념이 구경의 깨달음이란, 지금 망념을 깨닫는 것은 다른 것을 깨닫는 것이 아니고 또 다른 것을 깨달을 수 있는 것이 아니며 오직 망념을 깨닫기 때문에 망념이 깨달음인 것입니다. 깨달음이 진공·무심·무념·구함이 없는 것으로, 망념을 깨달으면 묘유·부처·지혜·참된 구함으로 이 모두가 한마음입니다.

홍주 땅의 마조 선사가 선문의 제일인자라는 소문을 들은 분주 스님은 기꺼이 먼 길을 찾아가 그를 친견하였습니다. 육척장신인 분주의 풍채는 마치 태산이 서 있는 것처럼 당당하였습니다. 그를 본 마조 선사는 여간내기가 아닐 것이라 생각하면서 말했습니다.

"불당佛堂은 당당한데 안에 부처가 없군."

분주 스님이 예배하고 물었습니다.

"삼승三乘의 가르침은 거의 다 배웠습니다. 그러나 선문의 즉심시불卽心是佛이라는 말은 전부터 들어서 알고는 있습니다만, 아직은 그것에 대해 아는 것이라고는 아무것도 없습니다."

"모르는 마음이 바로 그것이다. 그 외에 특별한 것이라고는 아무것도 없다. 모르면 미혹이지만 알면 곧 깨친 것이다. 미혹하면 중생이고 깨치면 부처이다. 그러나 중생을 떠나 따로 부처가 있는 것은 아니다. 마치 손을 쥐면 주먹이 되고 이를 펴면 다시 손이 되는 것과 같은 것이다."

마조 선사의 이 말에 분주 스님은 홀연히 깨달았습니다. 곧 눈물을 펑펑 쏟으며 마조 선사에게 말했습니다.

"지금까지 저는 불도란 까마득히 아주 먼 곳에 있어서 끊임없이 정진에 정진을 거듭해야만 비로소 성취할 수 있는 것으로 생각하고 있었습니다. 그러나 이제는 분명히 알았습니다. 법신法身 그대로가 본래부터 나 자신 안에 갖추어져 있다는 사실과 일체의 모든 것은 마음으로부터 생겨나 오직 그 이름만 있을 뿐 실체는 없다는 사실을……."

"그렇지. 그렇고말고! 마음의 본성은 불생불멸이며, 일체의 것은 원래부터 공적空寂할 뿐이다. 그러므로 경전에서도 모든 것은 처음부터 늘 열반에 든 모습을 하고 있다고 말씀하고 있으며, 또 궁극에 이르는 곳은 공적의 집이라 하고 있는 것이다. 나아가 모든 것은 공空을 그 앉는 토대로 삼는다고 말하고도 있는 것이다. 이 말은 결국 제불여래諸佛如來는 머무를 곳 없는 자리에 머무른다는 말이다. 이러한 도리를 알게 되면 마침내 공적의 집에 살며, 만물이 공한 자리에 앉아 다리를 들고 내리는 것이 모두 보리의 도량을 벗어나지 않게 된다. 이렇게 듣는 즉시 모든 것이 다 결말이 나서 마침내 일체의 계단을 훌쩍 뛰어넘을 수 있게 되는 것이다. 이러한 것을 바로 '발을 움직이지 않고 열반산 꼭대기에 오른다'라고 하는 것이다."

"모르는 그 마음이 바로 그것이다. 그 외에 특별한 것이라고는 아무것도 없다."

안다는 것은 망념이며, 모르는 마음이란 망념이 끊어진 진공을 말합니다.

석상 선사에게 스님이 물었습니다.

"어떠한 것이 조사가 서쪽에서 온 뜻입니까?"

석상 선사가 말했습니다.

"공중의 한 조각 돌멩이!"

스님이 절을 올렸습니다. 선사가 말했습니다.

"알았는가?"

스님이 대답하기를

"모릅니다."

석상 선사가 말했습니다.

"다행히도 모르는구나. 네가 만일 안다면 곧장 그 돌멩이가 네 머리를 때렸을 텐데."

그래서 모르는 마음이 바로 그것이지, 그 외에 특별한 것이라고는 아무것도 없다는 것입니다.

"모르면 미혹이지만, 알면 곧 깨친 것이다. 미혹하면 중생이고, 깨치면 부처이다. 그러나 중생을 떠나 따로 부처가 있는 것은 아니다."

여기서는 미혹과 깨달음, 중생과 부처가 대립의 관계에 놓여 있는 것과 같으나 위에서 진공을 나타냈으므로 '미혹과 중생은 진공'이고, '깨달음과 부처는 묘유'로서 중생을 떠나 따로 부처가 있는 것이 아니므로 '중생이 부처'이고 '부처가 중생'인 것입니다.

"마치 손을 쥐면 주먹이 되고, 이를 펴면 다시 손이 되는 것과 같은 것이다."

주먹은 손을 쥐는 것이므로 '주먹은 있는 것도 아니고', 주먹을 펴면 다시 손이 되는 것은 주먹이 손이므로 주먹은 '없는 것도 아닌' 것입니다.

화두·염불·기도가 일념이 되는 것이 망념이 끊어진 무심·진공이며, 무심·진공이 깨달음인 묘유로서 둘이 아닙니다.

무색계의 비상비비상처의 중생이 8만대겁의 무량한 천상락을 누리다가 다시 생사에 떨어지는 것은 '생각이 아니다, 생각이 아닌 것도 아니다'에 머물러 있어 무심·진공인 멸진정을 이루지 못하기 때문입니다.

생각生覺은 생기는 것을 깨닫는 것입니다. 생기는 것을 깨닫는다 함은 생기는 것이 아니라는 것인데, 중생은 이 생각을 깨닫지 못하고 좋아하고 싫어하는 분별 망념의 견해를 일으켜 고통 속에 헤매고 있는 것입니다. 그러나 우리가 이러한 분별의 견해를 여의기가 결코 쉽지 않습니다. 지금 이 육신은 망념·거짓·아첨·잘난 체하고 뽐내는 것들이 하나로 모여 이루어졌기 때문입니다. 그래서 의상 대사께서도 그렇게 애를 쓰시다가 끝내는 죄 덩어리인 이 몸뚱이를 바꿔와야겠다 하고 옥련암에서 동해바다로 몸을 던지실 각오를 하신 것입니다.

부처님께서 말씀하시기를 "이 대열반大涅槃은 바로 시방의 모든 부처가 목숨을 내던진 곳이니, 모든 사람은 그 안에 들어와 평안할 것이며 나도 역시 그 안에 머무른다"라고 하였습니다.

백장 스님이 물었습니다.
"부처의 본뜻은 어디에 있습니까?"
마조 선사가 말했습니다.
"바로 자네의 목숨 내던진 곳!"

앙산 선사가 상당하여 말했습니다.

"선을 생각하지 말라. 악도 생각하지 말라. 바로 이와 같은 때는 어떤가?"

스스로 대답하여 이르기를

"바로 이와 같은 때란 우리 목숨 내어던진 곳!"

현사 선사께서 이르기를 "마치 도독고塗毒鼓라는 북이 울리는 소리를 들은 사람들이 모두 목숨을 잃는 것처럼, 또 태양을 똑바로 쳐다본 이들이 모두 시력을 잃는 것처럼, 그렇게 될 각오가 되어 있다면 비로소 부처의 뜻을 겨우 알 수 있으리라"라고 하였습니다.

우리가 우주를 한마음으로 보고 오래오래 정진하면 필시 망념을 여읠 수 있습니다. 그것은 모든 물질이 대지혜이고, 모든 소리가 대지혜이며, 모든 냄새가 대지혜이고, 모든 맛이 대지혜이며, 모든 감촉이 대지혜이고, 모든 법이 대지혜이기 때문입니다. 분별 망념은 본래 있는 것이 아니고 우리는 본래 부처이기 때문입니다.

나무대비관세음 南無大悲觀世音
원아조득월고해 願我早得越苦海
자비하신 관세음께 귀의하여 비옵니다
생로병사 괴롬바다 어서일찍 건너이다

중생의 고통의 바다는 생·로·병·사로서 생로병사의 원인은 무명無明입니다. 무명으로 인한 생사는 12연기법緣起法으로 무명·행行·

식識·명색名色·육입六入·촉觸·수受·애愛·취取·유有·생生·노사老死 입니다.

무명은 망념으로 인하여 지혜가 막혀서 무아의 도리를 알지 못하는 것을, 즉 밝음이 없음을 말합니다. 행은 무명, 무지에 의해서 모든 법을 지어 나가는 행위를 뜻합니다. 식은 인식작용, 즉 알음알이를 말하며, 명색은 알음알이 작용의 대상이 되는 물질(色)과 이름(名)입니다. 육입은 인식대상을 감지하는 눈·귀·코·혀·몸·의지의 6근이며, 촉은 식과 명색과 6근의 셋이 서로 접촉함을 나타내며, 수는 식과 명색과 6근이 접촉할 때 생겨나는 즐거움과 괴로움을 말하며, 애는 즐거움과 괴로움 등의 감수작용에 좋아하고 싫어하는 애증을 말하며, 취는 좋아하고 싫어하는 것에 대한 집착을 뜻합니다. 유는 좋아하고 싫어하는 집착에 의해서 결정된 존재를 뜻하며, 생은 그 존재의 태어남을, 노·병은 그 존재의 머무름과 변화를, 사는 그 존재의 소멸을 말합니다.

무명으로 시작되는 12연기법의 무명은 한 생각이 일어나는 분별 망념입니다. 한마음이 일어나면 만 가지 법이 일어나고 한마음이 멸하면 만 가지 법이 멸합니다.

부처님께서는 무명에 연하여 행이 있고 내지 생에 연하여 노사가 생하니, 이와 같이 괴로움의 쌓임의 모임이 일어나고, 무명이 멸하면 행이 멸하고 내지 생이 멸하면 노사가 멸하니, 괴로움의 쌓임이 멸한다고 하였습니다. 생과 멸은 있는 것이 아니고 실재하는 것이 아닙니다.

『반야심경』에서도 "무무명無無明, 역무무명진亦無無明盡", 무명도

없고, 또한 무명이 다함도 없으며, "내지무노사乃至無老死 역무노사
진亦無老死盡"이라. 따라서 행·식·명식·육입·촉·수·애·취·유·
생·노사도 없고, 또한 늙고 죽음이 다함까지도 없다고 하였습니다.

부처님의 제자 사리불과 마하구치라의 대화를 보겠습니다.

그때 존자 마하구치라는 존자 사리불에게 이렇게 물었습니다.

"벗 사리불이여, 노사는 자기가 지은 것(自作)입니까, 남이 지은
것(他作)입니까. 노사는 자기가 지은 것이며 남이 지은 것입니까. 또
노사는 자기가 지은 것도 아니며 남이 지은 것도 아니며, 원인 없이
나는 것입니까?"

"벗 구치라여, 노사는 자기가 지은 것도 아니며, 남이 지은 것도
아니며, 노사는 자기가 지으며 남이 지은 것도 아니며, 원인 없이 나
는 것도 아닙니다. 생生에 연緣하여 노사가 있습니다."

"벗 사리불이여, 생은 자기가 지은 것입니까, 벗 사리불이여, 식識
은 자기가 지은 것입니까, 식은 남이 지은 것입니까, 식은 자기가 지
은 것이며 남이 지은 것입니까, 식은 자기가 지은 것도 아니며 남이
지은 것도 아니며, 원인 없이 나는 것입니까?"

"벗 구치라여, 식은 자기가 지은 것도 아니며, 남이 지은 것도 아
니며, 식은 자기가 지으며 남이 지은 것도 아니며, 원인 없이 나는
것도 아닙니다. 명색名色에 연하여 식이 있습니다."

"벗 사리불이여, 이 말한 바의 뜻을 어떻게 알아야 하겠습니까?"

"벗이여, 비유하면 두 개의 갈대 묶음이 서로 의지하여 서 있는 것
과 같이 명색에 연하여 식이 있으며, 식에 연하여 명색이 있습니다.

명색에 의하여 육입六入이 있으며, 육입에 연하여 촉觸이 있습니다. 이와 같은 것이 모든 괴로움의 쌓임의 모임입니다. 벗이여, 만일 그들의 갈대 묶음 가운데서 하나를 제거해 버리면 나머지 하나는 넘어져 버리며, 다른 것을 제거해 버리면 그 다른 것이 쓰러져 버립니다. 벗이여, 그와 같이 명색의 멸함에 의해서 식의 멸함이 있으며, 식의 멸함에 의해서 명색의 멸함이 있으며, 명색의 멸함에 의해서 육입의 멸함이 있으며, 육입의 멸함에 의해서 촉의 멸함이 있으며, 이와 같은 것이 모든 괴로움의 쌓임의 멸함입니다.”

사리불은 연기법을 두 개의 갈대 묶음이 서로 의지하여 서 있는 것에 비유하여 말했습니다. 명색에 연하여 식이 있고 식에 의하여 명색이 있어서, 서로 의지하여 있는 것이 모든 괴로움의 쌓임이고, 식과 명색이 서로 의지하는 가운데서 하나를 제거해 버리면 나머지 하나는 넘어져 버리며, 다른 것을 제거하면 그 다른 것이 쓰러져 버리는 것이 모든 괴로움의 쌓임의 변함이라 하였습니다. 이 뜻은, 지금 우리가 알고 있는 무명이 그 무엇을 부여하여 행이 생기었고, 행이 그 무엇을 부여하여 식이 생기었으며, 식이 그 무엇을 부여하여 명색이 생기었고, 명색이 그 무엇을 부여하여 육입이 생기었으며, 내지 노사가 생겼다는 시간적·종속적 관계는 올바른 생각이 아니라는 뜻입니다. 무명과 행은 두 개의 갈대 묶음처럼 서로 의지하므로, 무명이 없으면 행이 쓰러지고 행이 없으면 무명이 쓰러지는 것입니다.

다시 말해 무명이 없으면 행이 없고 행이 없으면 무명 또한 없으며, 무명은 스스로 있을 수 없고 행에 연하여 있으므로 무명은 '있는 것도 아니고', 무명으로 인하여 행이 있으므로 무명은 '없는 것도 아닙니다.' 나머지 행·식·명색·육입·촉·수·애·취·유·생·노사도 이와 같이 '있는 것도 아니고 없는 것도' 아닙니다. 연기와 쌓이고 모여 생한 괴로움은 '있는 것도 아닌' 진공이고, 연기와 쌓임이 멸하여 괴로움이 멸한 것은 '없는 것도 아닌' 묘유입니다.

그러므로 12연기법은 실제로 존재하는 것이 아닙니다. 무명인 분별 망념으로 인해 우리가 잘못 보고 있는 것입니다.

예를 들어 선풍기의 날개는 셋인데, 날개가 빨리 돌아가면 날개 셋이 보이지 않고 둥그런 모양만 보입니다. 선풍기의 회전 속도에 우리 눈이 따라가지 못하기 때문입니다. 날개의 모양을 둥그런 모양으로 보는 것은 우리가 잘못 보는 것이지, 선풍기 날개가 본래 둥그런 모양이 아닌 것입니다. 또한 눈병이 나면 눈곱으로 인해 허공에 어릿한 허공 꽃이 핀 것으로 보입니다. 그러나 허공에 허공 꽃이 핀 것이 아니고 눈병으로 인해서 잘못 보는 것입니다.

이와 같이 중생은 있음과 없음의 망념의 눈으로 일체를 보고, 좋아하고 싫어하는 망념의 눈으로 일체를 잘못 보고 있는 것입니다. 우리의 6근의 작용은 모두 무명인 분별 망념의 작용일 뿐입니다.

부처님께서 제자인 가전연에게 말씀하셨습니다.

"가전연아, 이 세간은 다분히 방편에 집착하여 헤아리며 사로잡히느니라. 성제자聖弟子는 이 마음의 의지처에 집착하여 헤아리며, 나와 나의 것(我我所)이라고 사로잡히지 않고 집착하지 않고 머물지 않으며, 괴로움이 생하면 생한다고 보고 괴로움이 멸하면 멸한다고 보아 미혹하지 않고 의심하지 않으며, 다른 것에 연하는 바 없이 여기에서 지혜가 생한다. 가전연아, 이와 같음이 정견正見이니라."

집착하거나 헤아리지 않고 사로잡히지 않거나 머물지 않는다 함은 행위가 없는 무위無爲이고, 머무름이 없는 무주심無住心이며, 구함이 없는 무심으로 있는 것이 아닌 진공입니다. 또한 모든 분별에 집착하여 헤아리며 사로잡히지 않고 머물지 않으면 괴로움이 생함도 아니고 멸함도 아니어서, 생함이 멸함이고 멸함이 생함이 되어서로 원융무애하게 되는 것이 참된 구함이며, '없는 것도 아닌' 묘유가 정견입니다. 한 티끌도 얻을 것이 없는 것이 아뇩다라삼먁삼보리, 무상정등정각이며 무상정등정각이 생로병사의 괴로운 바다를 건너는 것입니다.

나무대비관세음 南無大悲觀世音
원아속득계정도 願我速得戒定道
자비하신 관세음께 귀의하여 비옵니다
무명벗는 계와정을 어서속히 얻어이다

계의 종류에는 5계, 8계, 10계, 256계, 348계가 있으며, 계의 체성體性으로는 성계性戒와 차계遮戒가 있습니다. 성계는 그 자체가 악성惡性이기 때문에 살생, 투도, 사음, 망어 등을 범하면 그대로 죄가 됩니다. 차계는 본래 나쁜 것은 아니지만 술이나 담배와 같이 많이 먹고 습관이 되어 중독이 되면 그것이 나쁘게 되는 것입니다.

계는 지키는 것인가, 범하는 것인가? 계를 지키는 것도 계를 범하는 것도 마음입니다. 따라서 한 생각 망념이 일어나면 그 즉시 계를 파하는 것입니다.

대주 선사는 "마음이 청정하여 오염되지 아니함이 계요, 마음이 움직이지 않는 것을 알아 경계를 대하여 고요함이 정이다"라고 하였습니다.

청정한 마음이 부처님 계로서 얻음과 구함이 없는 마음, 부처님도 조사도 마구니도 외도도 그 무엇도 구하고 받지 않는 청정행을 닦은 사람은 곧 부처님과 공덕을 균등하게 써서 모든 부처님 지위에 들어가며, 이렇게 깨달은 사람의 깨달음은 부처님과 같은 깨달음입니다.

부처님께서 계로써 스승을 삼으라고 하신 것은 이와 같이 언어 문자의 계에서 벗어나 얻음과 구함이 없는 청정한 마음의 불계佛戒를 가리키신 것입니다.

마음이 청정하여 오염된 망념이 일어나지 않는 계가 진공이고, 망념이 일어나지 않으니 마음이 움직이지 않는 것을 알게 되어 모든 대상을 대하여 고요한 것이 정으로 이것이 묘유이니, 계가 곧 정이고 정이 곧 계입니다.

나무대비관세음 南無大悲觀世音
원아조등원적산 願我早登圓寂山
자비하신 관세음께 귀의하여 비옵니다
괴롬여읜 열반산에 어서일찍 올라이다

달마 조사가 동경 낙양에 이르신 뒤에 신광神光이라는 스님이 있었는데 활달한 사람이었습니다. 스님은 오랫동안 낙양에 살면서 노장학을 위시하여 여러 서적을 많이 읽고 묘한 이치를 잘 이해하였습니다. 나이 40이 넘어서 달마 조사를 만나 스승으로 섬기었습니다. 소림사까지 따라 오면서 항상 조사에게 법을 물었으나, 달마 조사는 전혀 말해 주지 않았습니다. 이에 스스로가 탄식하기를 "옛 사람은 법을 구하기 위해 뼈를 깨고 골수를 꺼내고, 피를 뽑아 부처님 성상을 그리고, 머리채를 풀어 진흙에 펴고, 벼랑에 몸을 던지고, 주린 범에게 몸을 주었다. 옛 사람은 이렇게까지 하였는데 나는 무엇을 아끼리요?"라고 하였습니다. 어느 날 신광 스님은 법을 구하기 위해 눈 오는 밤을 서서 새웠습니다. 날이 새어 달마 조사가 보고 물었습니다.

"네가 눈 속에 섰으니 무슨 구하는 바가 있느냐?"

신광 스님이 눈물을 흘려 슬피 울면서 말했습니다.

"바라옵건대 조사이시여, 감로문甘露門을 활짝 열어 뭇 중생을 건져 주십시오."

달마 조사가 말하였습니다.

"부처님의 위없는 보리는 여러 겁을 수행한 것이거늘, 네가 작은 뜻으로 큰 법을 구하려 해도 끝내 될 수 없느니라."

신광 스님이 이 말을 듣자 곧 날카로운 칼을 뽑아 자기의 왼팔을 끊어서 달마 조사의 앞에 놓으니 조사가 말하였습니다.

"부처님들과 보살님들이 법을 구할 때엔 몸으로써 몸을 삼지 않고, 목숨으로써 목숨을 삼지 않았는데, 네가 이제 팔을 끊었으니 법을 구할 만하구나."

그리고는 법호를 혜가慧可라 내려 주었습니다. 혜가 스님이 사뢰 었습니다.

"조사께서 저의 마음을 편안케 해 주소서."

조사가 대답하였습니다.

"너의 마음을 가져오너라. 편안케 해 주리라."

혜가 스님이 말했습니다.

"마음을 찾아도 찾을 수가 없습니다."

조사가 대답하였습니다.

"찾아지면 어찌 그것이 너의 마음이겠느냐? 벌써 너의 마음을 편 안케 해 마쳤다."

다시 말하였습니다.

"너의 마음을 이미 편안케 해 주었다. 너는 보는가?"

혜가 스님이 이 말씀에 문득 활짝 깨닫고 조사에게 사뢰었습니다.

"오늘에야 모든 법이 본래부터 공적空寂하고, 오늘에야 보리가 멀 리 있지 않은 것임을 알았나이다. 그러기에 보살은 생각을 움직이지 않고 보살의 바다에 이르며, 생각을 움직이지 않고 열반의 언덕에 오르나이다."

조사가 말하였습니다.

"옳은 말이니라."

혜가 스님이 말했습니다.

"조사이시어 이 법은 문자로 기록할 수 있습니까?"

조사가 말하였습니다.

"나의 법은 마음으로써 마음에 전하느니라. 문자를 세우지 않느니라(以心傳心 不立文字)."

황벽 선사가 이르기를 "달마 조사께서 서쪽에서 오셔서 전한 것은 오직 마음의 부처이니라. 즉 너의 마음이 본래 부처임을 바로 가르쳐 주신 것이며, 마음과 마음이 다르지 않기 때문에 조사라 부르느니라. 만약 곧바로 이 뜻을 깨닫는다면 곧 3승의 모든 지위를 단박에 뛰어넘어서 본래의 부처인 것이니, 결코 점차로 닦음에 의지해서 이루는 것이 아니니라"라고 하였습니다.

마음과 마음은 다르지 않습니다. 만약 마음과 마음이 다르다고 한다면 그것은 마음이 아닙니다. 사람과 사람이 다르면 사람이 아니고, 산과 산이 다르면 산이 아니며, 좋아함과 좋아함이 다르면 좋아함이 아닙니다. 마음과 마음이 달라서 마음을 찾을 수 있다면 그것은 망념을 찾는 것입니다. 우주에 존재하는 3아승지의 백천이나 되는 명호는 모두 마음의 다른 이름, 별칭입니다. 6근·6진·6식의 18계가 한마음이며, 마음과 마음이 다르지 않기 때문에 마음은 찾을 수 없습니다. 미혹하기 때문에 깨달으려는 것이지 본래 미혹하지 않다면 깨달음도 없습니다. 미혹하면 중생이고 깨달으면 부처로서, 중생이 부처이고 부처가 중생이며, 미혹이 깨달음이고 깨달음이 미혹입니다. 배고프면 밥을 먹고 졸리면 잠을 자고, 싫어하면 화를 내고 좋아하면 기뻐합니다. 모든 것이 서로 다르지 않으며 둘이 아닙니다. 우리가 가지고 있는 6근의 작용이나 모든 행위가 그대로 법성

法性이며 본성本性입니다. 그러나 중생은 밥을 먹고 잠을 잘 때, 화를 내고 기뻐할 때 백천 가지 분별을 따지며 백천 가지 계교를 일으킵니다. 오직 삼계생사三界生死의 근원이 되는 분별 망념을 일으키지 말아야 합니다.

다시 이르기를 "왕이 부처를 이룰 때에 왕자도 역시 따라서 출가한다고 하였는데, 이 뜻을 알기가 매우 어렵다"라고 하였습니다.

왕이 부처를 이루는 것은 '묘유'이고 왕자도 역시 따라서 출가하는 것은 '진공'으로, 묘유가 진공이고 진공이 묘유로서 마음과 마음이 다르지 않음을 뜻하는 것입니다. 이 뜻을 알기가 매우 어렵다는 것은, 모든 분별 망념이 끊어진 무심·진공이 되어야 하는데 망념을 끊기가 매우 어려우니 이 뜻을 알기 어려운 것입니다.

열반이란 모든 번뇌 망념의 불길이 모두 꺼져서 재가 되어 버린 것을 말합니다.

"마음이 허공 같고 마른 나무와 돌덩이처럼 되며, 또한 타고 남은 재와 꺼진 불처럼 되어야 바야흐로 도道에 상응할 분分이 조금 있으며, 열반이란 들음도 앎도 없고 소리도 없어서 자취도 발자국도 모두 끊긴 것이다. 만약 이와 같다면 겨우 조사의 방 근처에 인접한 것이다"라고 하였습니다.

번뇌 망념은 따로 있는 것이 아닙니다. 우리가 잘못 보아서 번뇌일 뿐 본래 번뇌가 깨달음이기 때문입니다. 그러므로 번뇌 망념을 없애는 것은 번뇌 망념을 바로 보는 것입니다. 또한 우리가 열반의 언덕에 오르는 것은 생각과 발을 움직여서 열반산에 오르는 것이 아닙니다. 우리의 잘못된 번뇌 망념과 하등의 관계없이 일체가 그대로 열반이기 때문입니다. 망념이 일어날 때 망념을 화두·염불·기도로 바로 보는 것이 망념을 없애는 것이고 열반이며 마음입니다.

달마 대사는 관세음보살의 후신입니다. 『법화경』의 「관세음보살 보문품」에서 부처님께서 관세음보살에 대해 자세히 말씀하셨습니다. 관세음보살은 우리들의 참마음으로, 물질로 이루어진 몸으로는 직접 나투지 않으셨으나 이 마음을 깨달은 조사와 선사의 몸으로 나타내어 보였으며, 한량없는 중생들을 제도하기 위하여 여러 몸으로 나타내어 보였습니다.

제27세 반야다라 존자는 달마 선사의 비밀한 내력을 보시고 법을 전해 주시며 말하기를 "질손姪孫인 금계金鷄는 용해서 쌀 한 톨 입에 물고 시방 나한승을 공양한다"고 하였습니다.

이는 부처님의 심인心印을 전해 받은 관세음보살이 달마 대사에서 마조 선사로 이어져 불법이 크게 번창한다는 뜻입니다.

모든 부처님과 보살은 우리의 본래 마음입니다. 오직 있음과 없음, 좋다 싫다 하는 분별 망념만 일으키지 않으면 일체 중생이 그대로 부처이고 관세음보살입니다.

나무대비관세음 南無大悲觀世音
원아속회무위사 願我速會無爲舍
자비하신 관세음께 귀의하여 비옵니다
하염없는 법의진리 어서속히 알아이다

함이 없고 행위가 없는 무위가 무심·무념이며, 법의 진리입니다. 행위가 없고 마음과 생각이 없다 함은 삿된 행위와 마음·생각이 없는 것이지, 바른 행위와 마음·생각이 없는 것이 아닙니다. 삿된 행위·마음·생각이란 나와 너, 있음과 없음, 크고 작음, 선과 악, 좋다 싫다 하는 등의 항하사의 분별심을 가리키며, 바른 행위·마음·생각은 이와 같은 수많은 분별이 없는 행위·마음·생각을 말합니다.

부처님께서 말씀하신 바와 같이 중생의 세계는 일체가 대립하여 화합이 없는 모순으로 고통의 세계입니다. 우리는 행복을 구하지만 좋아하는 행복은 싫어하는 불행으로 인하여 있으며, 불행은 멀리하고자 하지만 불행 또한 행복으로 인하여 있습니다. 결국 행복을 구하는 마음이 불행을 존재하게 하므로 구함이 없으면 행복과 불행도 없는 것입니다.

이와 같이 서로 의존하고 있는 행복과 불행에 있어서 우리는 불행을 보다 크게 느끼고 있습니다. 그것은 이 육신의 직접적인 고통으로 주림과 목마름, 병고, 삶의 활동에서 일어나는 고통인 생로병사의 고통과 정신적, 심리적 고통으로 좋아하는 것은 취하고 싫어하는 것은 버리고자 하는 욕구가 충족되지 않을 때 일어나는 욕구 불만의 고통, 평소 행복하고 건강할 때 건강을 잊고 있다가 행복과 건강을 잃은 후에 일어나는 망각과 후회의 고통, 이러한 모든 고통으로 인해서 죽을 수 있다는 죽음의 공포에 의한 고통 때문입니다.

다람쥐가 쳇바퀴에서 벗어나지 못하는 것과 같이, 우리는 대립의 행복과 불행, 비非고통과 고통의 굴레에서 벗어나지 못하는 것입니다. 그렇다면 정녕 우리는 대립 속의 행복과 불행, 비고통과 고통의 바다에서 영원히 헤어날 수 없는 것인가? 대립이 없는 참된 행복과 비고통은 구할 수 없는 것인가?

대립의 행복과 불행이 실제로 존재한다면 참된 행복은 있을 수 없지마는, 대립의 행복과 불행이 실재하는 것이 아니기 때문에 참된 행복은 없는 것이 아닙니다. 여기서 참된 행복이 있다고 하여, 참된 행복이 따로 생기는 것은 아닙니다.

바른 마음이다 하여 바른 마음이 따로 있는 것이 아니라 삿된 마음, 분별 망념이 없는 것이 바른 마음이며, 바른 마음이 곧 삿된 마음, 분별 망념이 없는 마음으로 서로 둘이 아닌 것입니다.

작용이 없으면 본체가 없고, 본체가 없으면 작용도 없으며, 본체가 있으므로 작용이 있고, 작용이 있으므로 본체가 있기에 작용과 본체가 둘이 아닌 것입니다.

구함이 없는 것이 참된 구함이다 함은, 대립되는 행복과 불행을 구함이 없는 것이 참된 행복을 구하는 것이라는 말입니다. 그러나 대립되는 행복이 불행을 구하지 않는다고 하여 참된 행복이 따로 있거나 생기는 것은 아닙니다. 대립되는 행복과 불행을 구하지 않는 그 마음이 바로 참된 행복이기 때문입니다. 참된 행복은 있음과 없음에 속하지 않으므로 분별의 행복과 불행을 구하지 않는 것이 바로 있는 것도 아닌 진공이며, 참된 행복과 구함이 바로 없는 것도 아닌 묘유입니다.

무엇을 구하거나 찾는 것은 망념이니, 망념을 일으키지 않는 것이 깨달음이며 참마음이라고 이름합니다.

한 스님이 마조 선사께 물었습니다.

"도를 닦는다(修道)는 말이 무슨 말입니까?"

마조 선사가 말했습니다.

"도는 닦아서 되는 것이 아니다. 설령 닦아서 되는 것이라 할지라도 닦아 이루어 놓은 것은 곧 다시 무너져 내리는 법이니, 마치 성문聲聞과 같다. 그러나 만약 익혀 닦지 않는다면 이는 범부凡夫와 같다."

다시 물었습니다.

"어떠한 생각을 가져야만 도에 이를 수 있습니까?"

마조 선사가 말했습니다.

"자성自性이란 누구에게나 본래부터 있는 것이기 때문에 선악善惡의 대상에 끄달리지만 않게 되면 누구라도 수도인修道人이라 할 만하다. 애써 선을 좇아 악을 버리고, 공空을 관觀하여 선정禪定에 드는 것은 실로 아무런 소용이 없는 일이다. 안절부절못하고 외도外道를 좇아 갈팡질팡하게 되면 그것과의 인연은 점점 멀어지기만 할 것이다. 헛된 마음으로 조직된 삼계三界의 대상을 끊어 버려라! 한 순간의 망심妄心이야말로 삼계 생사의 근원인 것이다. 그 한순간마저도 없을 때 비로소 생사의 근원은 사라져 버리며, 이윽고 부처가 주는 무상無上의 보물을 손에 넣게 된다."

위에서 말한, '도는 닦아서 되는 것이 아니다. 설령 닦아서 되는 것이라 할지라도 닦아 이루어 놓은 것은 곧 다시 무너져 내리는 법이니, 마치 성문과 같다. 그러나 만약 익혀 닦지 않는다면 이는 범부와 같다'는 말에 유의하십시오.

구함과 얻음이 없고 찾음이 없는 마음이 우리의 참마음입니다. 그러므로 도를 닦는다는 것은 구하고 찾는 것으로, 이는 망념이기 때문에 도는 닦아서 되는 것이 아닙니다. 성문은 부처님의 말씀을 듣고 깨달음으로 나가는 존재로, 부처님의 말씀이 있음을 보고 없음으로 나가는 수도를 하고 있습니다. 그러나 있음에서 없음으로 나아가 없음에 도달한다 하더라도 다시 있음으로 돌아오게 되니, 닦아서 되는 것이라 할지라도 닦아 이루어 놓은 것은 다시 무너져 내리는 법이라고 하신 것입니다.

그러나 만약 익혀 닦지 않는다면 이는 범부와 같다 하신 것은, 구하거나 찾는 것은 망념이기에 이 망념을 일으키지 않는 것이 수도修道이고 익혀 닦는 것입니다. 구하고 찾는 분별 망념을 일으키지 않기 위해 화두·염불·기도하는 것이지, 깨달음을 구하기 위해서나 깨달을 수 있으므로 화두·염불·기도하는 것이 아닙니다. 오직 망념을 쉬는 것이 깨달음이기 때문입니다.

우주는 153억 년 전에 하나의 티끌이 빅뱅으로 이루어진 것이라고 과학은 말하고 있습니다. 모든 물질의 근본이 되는 하나의 티끌이 무엇인지를 밝혀내는 것이 과학의 오랜 과제였습니다. 이 과제를 풀어낼 수 있다는 것이 2012년 발견한 물질의 최소입자인 힉스입니다. 힉스가 질량을 부여하여 쿼크를 생기게 했고, 쿼크가 질량을 부여하여 원자가 생겼으며, 원자가 질량을 부여하여 원소를 생기게 하였으며, 원소가 질량을 부여하여 결국 물질을 이루었다고 말합니다.

이와 같이 원소, 원자, 쿼크, 힉스를 포함하고 있는 하나의 티끌은 무엇이며, 어느 곳에서 온 것인가? 그 티끌은 다름이 아니라 바로 우리가 구하고 얻고 찾고자 하는 우리의 삿된 마음, 분별 망념이 현상으로 나타난 모양입니다.

마음으로 마음을 찾을 수 없고, 생각으로 생각을 찾을 수 없으며, 분별 망념으로 분별 망념을 찾을 수 없는 것은 힉스, 쿼크, 원자, 원소, 티끌 등의 모든 이름이 마음의 별칭일 뿐 일체가 본래 마음이기 때문입니다.

마조 선사가 말하기를 "경전에서 '반야의 지혜는 개념화할 수 없다'고 말하고 있다. 마음은 지식과 생각으로 구할 수 없고 '있음과 없음'에 관계하지 않으므로 안과 밖으로 애써 구할 것 없이 그대로 가만히 놓아둘 일이다. 아니, 그대로 가만히 놓아둔다는 생각조차도 없어야 할 일이다. 이 마음 없는 마음은 가없이 드넓어서 실로 다함이 없다. 또한 이름을 갖지 않는 것이 참 이름이며, 추구함이 없는 것이 진정한 추구이다. 그러므로 경에도 '실로 법을 구하려 하는 이는 구한다고 하는 마음 없이 구해야만 한다'라고 한 것이다. 마음 밖에 따로 부처가 있는 것이 아니며, 부처 아닌 다른 곳에 마음이 있는 것도 아니다. 선을 택하지도 말고 악이라고 막지도 말아서, 결코 어느 한쪽에도 치우치지 않을 일이다. 이 현상계에 불변의 실체는 존재하지 않으며, 세상 모두가 오로지 마음일 뿐이다.

이 마음은 본래부터 있어 왔고 지금도 여전히 있으며, 인위적으로 만들어진 것이 아니다. 그것은 또한 본래부터 청정했으며, 지금도 여전히 청정해서 일부러 닦아 깨끗이 할 필요가 없다. 그 자체가 열반이고, 그 자체가 청정이며, 그 자체가 해탈이며, 그 자체가 여의여 존재하기 때문이다. 자네의 심성 그것은 본래부터 부처이므로, 그 외에 달리 부처를 구하지 말라! 자네 자신이 이미 금강정金剛定에 있으니, 일부러 마음을 모아 선정에 들어갈 필요도 없다. 설령 마음을 모으는 일에 능숙하다 하더라도 곧 구극究極의 길은 아닌 것이다."

또한 찾을 수 없는 마음을 찾는 수고로움을 다음과 같이 나타냈습니다.

어떤 사람이 봄을 찾아 오랜 세월 사방을 헤매었건마는, 끝내 찾지 못하고 지치고 고달픈 몸을 이끌고 집에 돌아왔습니다. 대문을 열고 자기 집에 들어선 순간, 마당에 활짝 핀 매화꽃을 보고 봄을 찾았습니다.

조사께서 이르시기를 "마치 힘센 장사가 자기 이마에 보배 구슬이 있는 줄 모르고 밖으로 찾아 온 시방 세계를 두루 다니며 찾아도 마침내 얻지 못하다가, 지혜로운 이가 그것을 가르쳐 주면, 본래 구슬은 예와 다름이 없음을 보는 것과 같은 일이다"라고 하였습니다.

이는 봄과 보배 구슬을 우리의 마음에 비유한 것으로, 마음을 찾는 것은 봄과 보배 구슬을 찾는 것과 같아서, 온 시방 세계를 두루 찾아 헤맨 노력과 상관이 없습니다. 자기 집 마당에 핀 매화꽃에서 찾은 봄과, 힘센 장사가 구슬을 얻은 것은 자기가 본래부터 갖고 있던 봄과 구슬을 얻은 것일 뿐, 밖으로 찾아다녔던 세월의 노력은 모두 헛된 수행인 것입니다.

망념을 일으키지 않는 자리가 깨치는 자리입니다. 본래 청정한 이 마음은 일시적인 망념으로 오염된 면이 있으나, 그 망념으로 본성인 이 마음은 조금도 오염되지 않았으니, 이러한 묘한 도리는 망념을 일으키지 않는 깨달은 사람만이 이해할 수 있습니다.

나무대비관세음 南無大悲觀世音
원아조동법성신 願我早同法性身
자비하신 관세음께 귀의하여 비옵니다
절대진리 법성의몸 어서일찍 이뤄이다

법성신法性身과 대립하는 것이 업성신業性身입니다. 함이 있고 행위가 있는 삿된 마음을 업의 몸인 업성신이라 하며, 함이 없고 행위가 없는 바른 마음을 법의 몸인 법성신이라고 합니다. 분별 망념이 끊어진 이러한 법성의 뜻을 조사 스님들은 나름대로의 뜻으로 나타냈습니다.

마조 선사는 "길 잃은 사람이 방향을 분간 못 하는 것과 같다!"라고 했습니다.

도인이라고 하는, 달도達道한 이는 도와 완전히 하나가 되어서, 거기에는 실로 도라 하는 의식이나 이념이 비집고 들어설 일체의 여지도 있을 수 없습니다. 이러한 것을 비유하기 위해서 길 잃은 이를 등장시키고 있는 것입니다.

또한 "법대로 진실히 깨달을 때에는 스스로 이를 자각하지 못한다"라고 하였으며, "법은 무각무지無覺無知라 이름하며, 마음이 만약 무각무지인 사람은 곧 도를 아는 사람이다"라고 하였습니다.

우두법융 선사는 『심명心銘』에서 "법을 안다는 것은 앎이 없는 것이며, 앎이 없으면 가장 중요한 것을 아는 것이다. 각覺은 불각不覺에서 비롯하므로 각에는 각이 있을 수 없다. 정각正覺에는 각이 없으며 진공眞空은 공이 아니다"라고 하였습니다.

석두 선사는 "눈앞에 있어도 도를 깨닫지 못하며, 발을 내디디면서도 길인 줄 모른다!"라고 하였으며, "부처는 도를 알지 못한다!"라는 남전 선사의 말에 "장로長老의 이와 같은 사람됨은 진주일성鎭州一城에 사는 사람들을 모두 장님으로 만든다!"라고 하였습니다.

설봉 선사에게 물었습니다.

"장님은 어떻게 세월을 보냅니까?"

선사가 대답했습니다.

"차나 들고 밥이나 먹게!" "모른다는 대답은 최고의 친절이다!"

백장 선사는 "다만 지금 마음이 허공과 같이 되면 비로소 수행에 진전이 있을 것이다"라고 했습니다.

서국西國의 고조高祖는 말하기를 "설산雪山을 대열반에 비유한다!"고 했으며, 달마 조사는 "그대로의 마음은 목석과 같다!"라고 하였습니다.

승찬 선사는 "우뚝한 자신으로 하여금 인연을 잊는다!"라고 하였으며, 또한 "지혜를 감추고 총명을 드러내지 않는 이는 독각獨覺으로 깊이 깨달은 자이다"라고 하였습니다.

혜능 선사는 "선악 모두를 분별하지 말라"고 하였으며, 문수보살은 "마음은 허공과 같아서 기꺼이 아무것도 보지 않으며 심오한 경전의 글도 듣지 아니한다"고 하였습니다. 이와 같이 "일체 유무의 제법을 듣지도 않고 보지도 않고 6근을 막아 정진하며, 또한 경전을 좇지 않는다면 비로소 수행에 진전이 있을 것이다"라고 하였습니다.

사람들은 생각을 일으키지 않고 마음을 비우게 되면 아무것도 없어서 어떻게 살아갈 것인가 하며 근심합니다. 이것은 좋아하는 것은 구하고 싫어하는 것은 버리려 하는 욕망을 충족하지 못할 때 오는 불안감과 공에 떨어지는 두려움으로, 그 한 생각이 분별 망념일 뿐입니다.

황벽 선사는 "후학들이 감히 법에 들어오지 못하는 까닭은 공空에 떨어져 닿아 쉴 곳이 없을까 두려워해서인데, 이런 태도는 막상 벼랑을 보고는 물러나서 거기다가 널리 지견을 구하는 것이다. 그러므로 지견을 구하는 자는 쇠털처럼 많아도 정작 도를 깨친 이는 뿔과 같이 드문 것이다. 범부는 경계를 취하고 도를 닦는 사람은 마음을 취하나니, 마음과 경계를 함께 잊어야만 참된 법이다. 경계를 잊기는 오히려 쉬우나 마음을 잊기란 매우 어렵다. 사람들이 마음을 감히 잊어버리지 못하는 까닭은 공空에 떨어져 부여잡을 것이 없을까 두려워해서인데, 이는 공이 본래 공이랄 것도 없고, 오로지 한결같은 하나의 참된 법계임을 몰라서 그런 것이다.

법에는 범·성의 구별이 없으며 또한 공적한 상태에 빠지는 것도 없다. 법이 본래 있는 것이 아니지만 없다는 견해를 내지 말라. 또한 법은 본래 없지 않으나 있다는 견해도 내지 말라. 법이 있느니 없느니 하는 것은 모두 뜻(情)으로 헤아리는 견해로서, 마치 허깨비와도 같은 것이다. 그러므로 말씀하시기를 '보고 듣는 것은 마치 허깨비 같고 생각하고 느끼는 것이 바로 중생이니라'라고 하였다.

조사문 중에 있어서는 오로지 마음을 쉬고 알음알이를 잊는 것을 논할 뿐이다. 오직 부처니 중생이니 하는 분별을 결코 내지 않아야 하느니라"라고 하였습니다.

마조 선사의 "길 잃은 사람이 방향을 분간 못 하는 것과 같다!"는 말의 뜻은, 어느 길과 어떤 방향도 분간하지 못 하는 모든 분별 망념 이 끊어진 사람은 구함이 없고 있는 것도 아닌 진공으로 법성신法性 身이라는 말입니다.

육향육서
六 向 六 誓

아약향도산 도산자최절 我若向刀山 刀山自催折
아약향화탕 화탕자소멸 我若向火湯 火湯自消滅
아약향지옥 지옥자고갈 我若向地獄 地獄自枯渴
아약향아귀 아귀자포만 我若向餓鬼 餓歸自飽滿
아약향수라 악심자조복 我若向修羅 惡心自調伏
아약향축생 자득대지혜 我若向蓄生 自得大智慧

칼산지옥 내가가면 칼산절로 무너지고
화탕지옥 내가가면 화탕절로 무너지고
모든지옥 내가가면 지옥절로 말라이다
아귀세계 내가가면 아귀절로 배부르고
수라세계 내가가면 악한마음 항복되고
짐승세계 내가가면 슬기절로 생겨이다

본래 일체 만유가 마음이고 진여불성이지만, 우리가 깨닫지 못하고 미혹하기 때문에 중생의 근기에 따라 일진법계一眞法界가 십법계十法界로 나누어집니다.

십법계

1. **지옥법계** 상품上品의 오역죄五逆罪와 십악十惡을 범하면 받는 경계입니다. 오역죄는 부처님 몸에 피를 내는 것, 화합 승가를 파괴하는 것, 아라한을 죽이는 것, 부와 모를 죽이는 것입니다. 십악은 살생, 투도, 사음, 망어, 양설, 악구, 기어, 탐, 진, 치로서 오역죄와 십악을 범하여 참으로 뜨겁고 춥고 칼로 베이고 하는 한없는 괴로움에 울부짖는 고통이 극심한 최하의 경계가 지옥법계입니다.

2. **아귀법계** 중품中品의 오역죄나 십악을 범하여 기갈飢渴의 주리고 목마른 고통을 받는 불행한 귀신의 세계입니다.

3. **축생법계** 하품下品의 오역죄나 십악을 범하여 서로 잡아먹고 서로 삼키고 서로 죽이며 무력한 노예 생활의 고통을 받는 축생의 경계입니다.

4. **아수라법계** 아귀, 아수라, 천상의 법계는 우리 사람의 눈으로는 안 보이는 경계이지만 천안통을 통하여 모두 볼 수 있습니다. 지옥·아귀·축생은 삼악도三惡道이고, 아수라·사람·천상은 삼선도三善道입니다. 아수라법계는 하품의 십선을 닦아서 받는 세계로서, 여기서

십선은 십악을 행하지 않는 것입니다. 아수라법계는 끝없는 전쟁과 투쟁의 고통을 받는 경계입니다.

5. **인人법계** 인법계는 오계五戒 또는 중품의 십선을 닦아서 인중人中의 즐거움과 괴로움을 받는 경계입니다.

6. **천天법계** 천법계는 상품의 십선을 닦고, 아울러 선정을 닦아서 천상에 태어나고 안락을 받는 경계입니다. 따라서 천상계는 단계로 본다면 우리 인간보다 높습니다. 다만 천상이 반복되는 안락으로 인해 애쓰고 공부를 더 하려고 마음먹지 않기 때문에 성불을 잘 못하는 것입니다. 사람은 고통이 있어서 생로병사의 고통에서 벗어나려고 몸부림치는 과정이 있기에 성불이 빠르다고 봅니다. 그러므로 성불로 나아가는 의미에서는 인간이 소중한 경계입니다.

삼계

삼계三界는 중생이 생사윤회하는 미혹의 세계, 업보의 세계로 다만 분별 망념이 깊고 무거운 차이가 있을 뿐, 꿈과 같고 그림자 같은 세계이므로 실제로 존재하는 세계가 아닙니다. 삼계는 욕계·색계·무색계로 나뉩니다.

먼저 **욕계**는 지옥, 아귀, 축생, 아수라, 인간, 천상으로 식욕, 수욕, 음욕, 재물욕, 명예욕의 욕망이 무거우며, 6욕천은 지거천地居天과 공거천空居天으로 나뉘어 있습니다.

지거천은 물, 불, 흙, 공기로 이루어진 지구나 다른 별들처럼 물질

삼계三界	무색계無色界	비상비비상처非想非非想處		
		무소유처無所有處		
		식무변처識無邊處		
		공무변처空無邊處		
	색계色界	정거천淨居天 정범지淨梵地	대자재천大自在天	
			화음천和音天	
			색구경천色究竟天	
			선견천善見天	
			선현천善現天	
			무열천無熱天	
			무번천無煩天	
		사선천四禪天	광과천廣果天	
			복생천福生天	
			무운천無雲天	
		삼선천三禪天	변정천遍淨天	
			무량정천無量淨天	
			소정천少淨天	
		이선천二禪天	광음천光音天	
			무량광천無量光天	
			소광천少光天	
		초선천初禪天	대범천大梵天	
			범보천梵輔天	
			범중천梵衆天	
	욕계欲界	공거천空居天	타화자재천他化自在天	
			화락천化樂天	
			도솔천兜率天	
		지거천地居天	수야마천須夜摩天	
			도리천兜利天	
			사대왕천四大王天	북다문천北多聞天
				서광목천西廣目天
				남증장천南增長天
				동지국천東持國天

로 이루어지고 물질에 의지하여 사는 중생들입니다. 공거천은 업장이 조금 가벼워서 지거천의 중생들과 달리 허공 가운데 사는 중생들을 말합니다. 지거천으로는 사대왕천, 도리천, 수야마천이 있으며, 사대왕천 밑은 북다문천, 서광목천, 남증장천, 동지국천으로 나뉘며, 우리 인간은 남증장천 아래의 남섬부주南贍部洲, 곧 염부제閻浮提에 살고 있습니다. 북다문천, 서광목천, 동지국천은 남증장천과 달리 진리가 널리 퍼져 있지 않기 때문에 남섬부주의 중생은 그나마 다행이 아닐 수 없습니다.

그리고 공거천으로는 도솔천, 화락천, 타화자재천이 있는데, 이곳의 중생들은 삼명육통과 같은 신통은 못되더라도 나름대로의 신통력을 갖추고 있습니다. 도솔천, 화락천, 타화자재천으로 올라갈수록 편안함이나 즐거움이 더욱 수승한 것으로 알려져 있습니다. 화락천의 경우는 괴로운 경계를 맞이했을 때 그 괴로움을 즐겁고 기쁜 경계로 전환하는 것입니다. 타화자재천은 욕계천의 가장 위층으로 마왕魔王 파순波旬이 이곳에 머물고 있습니다. 파순은 아래에 있는 천상보다 능력이 더 높으며, 이 마왕 파순이 중생들이 욕계에서 벗어나는 것을 막으려고 여러 모양으로 나투어서 극력 방해하고 있습니다. 석가모니 부처님 앞에도 나타나서 갖가지 방법으로 방해를 하였습니다.

달마 조사는 "만일 부처와 보살의 모습이 홀연히 나타날 때 절대로 예경하지 말지니, 이는 하늘의 마왕인 파순 등이 신통을 나투어 부처와 보살의 모습으로 변화한 것이다. 나의 마음은 본래 공적하여 이런 모습과 형상이 없다"라고 하였습니다. 파순은 우리의 욕망인

110

분별 망념의 표현입니다.

다음은 **색계**입니다. 색계는 미세하게 물질이 느껴지는 경계로 무엇이 '있다(有)'고 하는 경계입니다. 색계의 초선천初禪天은 삼매를 닦아서 욕심을 벗어나야 비로소 들어갈 수 있습니다. 우리가 공부 중에 자기를 점검하여 식욕, 수욕, 음욕, 재물욕, 명예욕이 남아 있다면 아직 욕계를 벗어나지 못한 것이고, 또한 무엇인가 '있다' 하는 생각이 있어도 색계를 벗어나지 못한 것입니다.

초선천은 범중천, 범보천, 대범천으로 망념이 차츰 엷어지는 정도에 따라서 차별이 있습니다.

이선천은 선정이 깊어져 광명이 더욱 빛나는 곳으로 소광천少光天은 광명이 적게 빛나고, 무량광천無量光天은 광명이 무량하게 빛나며, 광음천光音天은 소리가 광명으로 바뀌어 광명으로 서로 상통하는 곳입니다.

삼선천의 소정천少淨天은 아직 망념이 남아 있어 청정이 부족하며, 무량정천無量淨天은 청정이 무량한 경계이고, 변정천遍淨天은 끝도 없고 가도 없이 전체가 청정한 경계입니다.

사선천의 무운천無雲天은 망념의 구름이 없고, 복생천福生天은 망념이 없으므로 복이 스스로 생기는 경계이며, 광과천廣果天은 과보의 복이 광대무변하게 큰 경계입니다.

정범지淨梵地의 무번천無煩天은 번뇌 망념이 없는 경계이고, 무열천無熱天은 번뇌 망념의 열기가 없어 청량한 경계이며, 선현천善現天은 모두가 착하고 좋게 보이는 경계이며, 선견천善見天은 모든 것

이 선하고 착하게 보이니 견해도 착하게 되는 경계이며, 색구경천色
究竟天은 모든 물질의 끝이 청정한 광명의 세계이고, 화음천和音天은
우주의 진동, 자연과 생명의 작용이 조화된 묘음妙音의 경계이고, 대
자재천大自在天은 자유자재함이 지대한 경계입니다. 색계는 이와 같
이 광명이 있고 청정이 있으며, 과복이 광대무변하게 있으며, 모두
가 착하고 좋게 보이는 견해가 있으며, 우주의 소리와 자유자재함
이 있는 경계입니다. 그러나 **무색계無色界**는 '있는 것이 아닌' 경계입
니다.

무색계의 공무변처空無邊處는 물질이 실체가 없는 무변한 공으로
서 있는 것이 아니라는 경계이고, 식무변처識無邊處는 물질이 있는
것이 아니라는 인식, 즉 식識뿐이라는 생각에 머물고 있는 경계이며,
무소유처無所有處는 물질도 있는 것도 아니고 생각도 있는 것이 아니
라는 것에 머물러 있는 경계이며, 비상비비상처非想非非想處는 생각
이 아니고 생각이 아닌 것도 아니다, 즉 있는 것도 아니고 없는 것도
아니다에 머물러 있는 경계입니다.

삼계를 벗어난 멸진정滅盡定은 있는 것도 아니고 없는 것도 아닌
것에도 머물지 않고 멀리 떠나기 때문에, 있는 것도 아닌 진공이자
없는 것도 아닌 묘유가 되는 것입니다.

석가모니 부처님께서 6년 고행 중에 한때 외도外道의 스승에게 공
부를 하였습니다. 아라라칼마는 선정 삼매에 드는 공부를 하는 스승
이었는데, 부처님께서 그에게 "어떤 공부를 하십니까?" 하고 묻자
"나는 무색계의 무소유처정을 닦는다"라고 하였습니다. 당시 인도

에서는 이분들을 선인 또는 신선이라 불렀습니다. 부처님께서는 수
승한 수행력으로 멀지 않아 무소유처정의 경지에 도달한 후에 "무
소유처를 닦는 목적이 무엇입니까?" 하고 아라라칼마에게 물었습니
다. "무소유처정에 들어가면 모든 괴로움에서 벗어나 안락하고 오신
통五神通을 얻으며 사후에 천상에 태어난다"라고 하였습니다. "그렇
다면 생로병사를 영원히 벗어날 수 있습니까?"라고 묻자 "생사를 영
원히 벗어나지는 못하고 오백대겁(五百大劫, 약 5만억 년)을 살고 난
뒤에 다시 떨어진다"고 하였습니다. 부처님의 목적은 오직 영원한
해탈이므로 그를 하직하려 하자, 자신보다 더 공부가 뛰어난 웃다카
라마풋다를 추천하였습니다.

웃다카라마풋다를 찾아간 부처님은 물었습니다.

"어떤 공부를 하십니까?"

"나는 비상비비상처정을 닦는 공부를 한다."

부처님께서는 순식간에 비상비비상처정을 증득한 후 물었습니다.

"비상비비상처에 태어나면 영원한 천상락을 누릴 수 있습니까?"

"영원한 삶을 누릴 수 없고 팔만대겁(八萬大劫, 약 8백만 억년)을 살
다가 선정의 복이 다하면 다시 떨어진다."

외도는 무엇입니까? 만일 티끌 하나라도 마음 밖에서 찾는다면 이
는 외도입니다. 비상비비상처의 생각이 아니고 생각이 아닌 것도 아
님도 마음이고, 있는 것도 아니고 없는 것도 아닌 것도 마음입니다.
그러므로 그 어느 곳에도 머물지 않는 것이 멸진정에 이르는 것입
니다.

여기까지가 태胎·란卵·습濕·화化 4생의 6도입니다. 이와 같이 중생이 오역죄와 십악을 범하기도 하고, 또는 5계와 10선을 닦아서 4생의 6도로 태어나는 근본적인 원인은 모두 탐심貪心, 진심瞋心, 치심癡心의 경중輕重에 따른 것입니다.

부처님 재세 시에 제자인 아난존자가 어느 날 저녁 무렵 갠지스 강가에 앉아 노을을 바라보고 있었습니다. 그때 홀연히 하나의 아귀가 노을을 등지고 아난존자의 앞에 나타났습니다. 아귀의 모습은 몸 전체가 어두운 붉은 빛으로 머리카락은 헝클어지고, 큰 두 눈은 어두운 붉은 빛으로 충혈되어 있었으며, 얼굴은 극심한 고통으로 일그러져 있었습니다. 목은 바늘귀처럼 가늘었고, 배는 산만큼이나 크며, 피부는 어두운 붉은 빛에 나무껍질처럼 거칠었습니다.

부언하자면, 6도에는 각각 색깔의 빛이 있습니다. 천상계는 어두운 흰빛이며, 인간계는 어두운 노란빛, 아수라계는 어두운 초록빛, 축생계는 어두운 파란빛, 아귀계는 어두운 붉은빛, 지옥계는 회색빛입니다.

그 아귀가 아난존자에게 "나를 포함한 모든 아귀들이 지금 극심한 배고픔과 목마름으로 한량없는 고통을 받고 있으니, 그대가 우리 아귀들에게 음식과 물을 베풀어 우리의 고통을 달래주어야 하겠다. 만약 그렇지 않다면 너를 잡아먹을 수밖에 없다"고 말하였습니다.

중생의 탐욕심이 크고 강하면 아귀계에 떨어집니다.

사람이 생이 다하여 임종을 맞이하여 숨이 멎을 즈음에서는 오온五蘊이 모조리 비고 나가 없음을 봅니다. 삶을 이어오면서 무던히도

매달리고 붙잡고 있었던 이 몸과 나라는 생각을 그만 놓아버리게 되지만, 그 후 저승의 중음 세계에 태어나 시간을 거치면서 사념체思念體와 욕망체慾望體를 갖게 되는데, 이때에 나라는 생각을 다시 갖게 됩니다. 사자死者가 중음의 세계에 머무르는 기간은 49일이지만 이 기간은 이승의 시간으로, 중음계에서는 수 세기에 해당될 수도 있습니다. 사자가 중음계에 머무는 동안 염라대왕을 비롯한 일곱 대왕 앞에 불려가서, 생전에 지은 모든 죄를 업경대業鏡臺라는 거울에 샅샅이 비추어 보고 죄의 경중에 따라 형벌을 받습니다. 여기서 일곱의 대왕은 사자의 양심이고, 죄를 비추는 거울은 사자의 기억이며, 형벌은 양심의 가책입니다. 이런 형벌의 과정을 거치는 사자는 카르마(업)의 거센 강풍에 나뭇가지처럼 흔들리는 고통에서 벗어날 수 있는 의지처를 간절하게 찾게 됩니다. 이 의지처가 4생과 6도의 환생입니다. 사람과 축생은 태, 란, 습을 통하여 태어나고 지옥, 아귀, 아수라, 천상은 화(化. 화생)하여 태어납니다.

이러한 아귀가 아난존자에게 배고픔과 목마름에서 벗어나게 해달라고 호소하고 있는 것입니다. 아귀의 말을 들은 아난존자는 무섭고 두려운 마음으로 부처님께 나아가 자초지종을 말씀드립니다. 부처님께서는 헤아릴 수 없이 수많은 아귀들의 기갈을 달랠 수 있는 것은 '변식진언變食眞言'이라고 말씀하셨습니다. 사찰에서 불공을 올리거나 재를 지낼 때, 음식물을 차려놓고 한량없는 위력과 자재로운 광명이 뛰어나고 묘한 힘으로 음식을 변화시키는 참 말씀인 "나막 살바 다타아다 바로 기제 옴 삼마라 삼마라 훔" 진언을 3번 합니다.

한 번 진언으로 차려 놓은 음식물이 일곱 개로 늘어나고, 두 번 진언으로 열네 개로 늘어나고, 세 번 진언으로 온 우주 법계에 가득 차서 티끌처럼 많은 불보살님과 일체 중생에게 공양을 올리는 것입니다. 이렇듯 부처님의 가르침으로 수많은 아귀들의 기갈을 달래주고 아난존자는 위기에서 벗어날 수 있었습니다.

중생이 4생의 6도로 벌어지는 것은 탐심·진심·치심의 가볍고 무거움에 따른다고 앞에서 말했습니다. 치심은 지혜가 없는 무명의 어리석은 마음으로 지혜는 지식이 아닌 참됨을 말합니다. 중생은 참됨이 부족할수록 좋아하는 것은 취하고, 싫어하는 것은 버리고자 하는 욕망이 반비례하여 크게 일어납니다. '축생계'는 하품의 오역죄나 십악을 범하여 어리석음 속에서 서로 잡아먹고 서로 죽이며 무력한 노예 생활의 고통을 받고 있는 것입니다.

'아귀계'는 어리석음이 더욱 깊고 무거워서 욕망이 탐욕으로 발전합니다. 탐욕이 클수록 탐욕을 이룰 수 없는 것이 우주의 진리이므로, 아귀는 중생의 원초적인 식욕의 고통을 겪는 것입니다. 목구멍은 바늘귀처럼 가늘어 산만큼이나 큰 배를 채울 수 없기 때문에 항상 불같은 식욕에 빠져 있으며, 막상 음식이나 물을 보게 되더라도 아귀의 불같은 욕망의 눈에 비친 음식물은 모두 불꽃으로 변하여 극도의 배고픔과 목마른 고통의 과보를 받는 것입니다.

'지옥계'는 더욱 무거워진 탐욕을 이룰 수 없을 때, 그 탐욕은 화로 이어집니다. 그 화는 나를 불태우고 산과 들을 불태우며 우주 전체를 불태웁니다. 이 세상 모든 것을 남김없이 태우는 탐욕이 지독한 열기와 추위, 그리고 흉기로 변하여 베이고 찔리는 극심한 고통의 세계가 되는 것이 지옥입니다. '아수라계'는 하품의 십선을 행하기 때문에 욕망이 3악도에 비해 가벼우나, 좋아하고 싫어하는 마음이 3선도에서 그 중 무겁기에 끝없는 전쟁과 투쟁의 고통을 받고 있습니다.

'인법계'는 오계와 중품의 십선을 닦아서 괴로움과 즐거움을 받은 인간의 경계로, 좋아하고 싫어하는 욕망은 결국 고통으로 나타납니다. 6도의 중생에서 사람의 욕망의 깊이는 어느 정도인 것일까요? 지금 내가 좋아하는 대상을 싫어할 수 없고, 싫어하는 대상을 좋아할 수 없는 것이 우리들 욕망의 깊이입니다.

'천상법계'는 상품의 십선을 닦고, 아울러 선정을 닦아서 쾌락을 받는 경계입니다. 그러나 반복되는 쾌락에 매몰되어 있으며, 또한 복이 다하면 다시 낮은 곳으로 떨어지는 고통을 겪게 되는 것입니다.

이와 같이 4생의 6도는 중생의 좋아하고 싫어하는 욕망인 분별 망념으로 인해 건립되었습니다. 좋아하고 싫어하는 분별 망념에 의해 생긴 4생의 6도는 실제로 존재하는 것이 아니므로 부처님께서는 모든 현상이 꿈과 같고 허깨비, 물거품, 그림자 같으며 이슬, 번개와 같다고 하셨습니다.

지금 나에게 분별 망념이 없다면 칼산지옥은 절로 무너지고, 화탕지옥은 절로 무너지고, 모든 지옥은 절로 말라지며, 아귀는 절로 배부르고, 아수라는 악한 마음이 항복되고, 짐승 세계는 슬기가 절로 생길 것입니다.

그 다음에는 4성聖 4종류의 성자들의 세계인 성문법계, 연각법계, 보살법계, 불법계입니다.

7. 성문聲聞법계 성문승은 해탈을 위하여 부처님께서 말씀하신 가르침에 따라 주로 사제관법四諦觀法을 닦는 경계입니다. 성문법계는 사제 법문 가운데서도 무생無生사제, 무량無量사제, 무작無作사제의 정도는 아니고 생멸사제입니다. 실제로 고苦도 있고, 고의 원인이 되는 집集도 있고, 실제로 멸滅도 있고, 실제로 닦는 도道도 있어 상대적으로 고·집·멸·도와 보리·열반이 있다는 설법을 듣고, 생함이 있음을 보고 없어짐으로 나아가는 수행을 하여 깨달은 하품의 성인 경계가 성문법계입니다.

8. 연각緣覺법계 연각승은 부처님 가르침과 과거 숙세에 선근이 많아서 자연을 보고 깨닫기도 하고, 십이인연법이나 인연법을 관찰하여 생함이 있음은 보지 않고, 없어짐으로 나아가 깨달음을 얻는 성자를 연각승 또는 독각승이라고 합니다.

9. 보살菩薩법계 보살승은 무상보리無上菩提를 위하여 육도만행六度萬行, 즉 6바라밀인 보시, 지계, 인욕, 정진, 선정, 지혜바라밀을 닦는 경계입니다. 보살은 자기만 공부하는 것이 아니고 남과 더불어서 공부하며 일체 중생을 위해 육도만행, 육바라밀을 닦는 경계입니다.

10. 불佛법계 불법계는 모든 행과 지혜 일체종지一切種智를 모두 갖춘 한마음이 곧 불법계입니다.

부처님께서는 한마음 법인 일승一乘의 참된 법을 말씀하려 하셨으나 중생들은 부처님을 믿지 않고 비방하여 고통의 바다에 빠지게 될 것이며, 그렇다고 부처님께서 전혀 말씀하지 않는다면 설법의 인색함에 떨어져 중생을 위하는 것이 못 된다고 생각하시어, 현묘한 도를 널리 베푸시고 방편을 세워 삼승이 있음을 말씀하셨습니다. 그래서 대승과 소승의 방편이 생겼고 깨달음에도 깊고 얕음의 차이가 있게 되었으나, 이것은 근본법이 아니므로 말씀하시기를, 오직 일불승一佛乘이 있을 뿐 나머지는 참된 것이 아니라고 하셨습니다.

일체 만유가 진여불성이고 일불승인데 우리가 좋아하고 싫어하는 분별심으로 인하여 10법계로 벌어지는 것입니다. 승찬 선사의 「신심명」 첫머리에서도 "지극한 도는 어렵지 않으나 오직 간택함을 꺼릴 뿐이니, 다만 미워하고 사랑하지 않으면 자연히 통해서 명백하리라"고 하였습니다. 또한 이르시기를 "부처님께서 말씀하신 모든 법은 나의 모든 마음을 제도하기 위함이다. 나에게 일체의 마음이 없거늘 어찌 일체법을 쓸 것인가"라고 하였습니다.

우리가 화두·염불·기도할 때 일체를 한마음으로 보는 것은 참됨을 구하는 것이 아니고 오직 망령된 생각을 쉬는 것입니다. 일체 법은 달을 가리키는 손가락입니다. 달을 가리키는 손가락의 뜻은 분별의 생각과 견해를 일으키지 말라는 뜻인데, 사람들은 이 손가락을 놓고 옳다 그르다, 있다 없다, 좋다 싫다 하며 도리어 분별의 망념을 일으키고 있는 것입니다. 그래서 '옛 사람들은 영민하여 한 말씀 들으면 당장에 배움을 끊었다'고 말씀하셨습니다. 그러므로 그들을 '배울 것이 끊어진 하릴없는 한가로운 도인'이라고 하신 것입니다.

그렇다면 참마음인 달은 따로 있는 것일까요? 만약 달이 따로 있다면 그 또한 망념입니다. 손가락과 달이라는 생각을 일으키지 않는 무심, 무념이 참마음입니다.

모든 모양을, 색깔을, 소리를, 냄새를, 맛을, 감촉을, 생각을 화두·염불·기도로 보아 한마음으로 정진한다면 '있는 것도 아니고 없는 것도 아닌' 무심의 달을 볼 수 있을 것입니다.

관세음보살의 12명호

나무관세음보살마하살 南無觀世音菩薩摩訶薩

나무대세지보살마하살 南無大勢至菩薩摩訶薩

나무천수보살마하살 南無千手菩薩摩訶薩

나무여의륜보살마하살 南無如意輪菩薩摩訶薩

나무대륜보살마하살 南無大輪菩薩摩訶薩

나무관자재보살마하살 南無觀自在菩薩摩訶薩

나무정취보살마하살 南無正趣菩薩摩訶薩

나무만월보살마하살 南無滿月菩薩摩訶薩

나무수월보살마하살 南無水月菩薩摩訶薩

나무군다리보살마하살 南無軍茶利菩薩摩訶薩

나무십일면보살마하살 南無十一面菩薩摩訶薩

나무제대보살마하살 南無諸大菩薩摩訶薩

나무본사아미타불 南無本師阿彌陀佛 (3번)

나무관세음보살마하살 南無觀世音菩薩摩訶薩

관세음은 이 세상의 소리를 본다는 뜻입니다. 그렇다면 과연 소리를 볼 수 있는 것인가? 동산 스님이 무정의 설법은 어느 경전의 가르침에 해당하는 것이냐고 운암 선사에게 묻자, 선사가 말하길 "『아미타경』에서 '물과 새와 나무숲이 불법을 연설하면 그 소리를 들은 중생은 모두 부처님을 생각하고 법을 생각하고 승가를 생각한다'라는 말씀을 부처님께서 하셨다"고 하였습니다. 동산 스님은 이 얘기를 듣고 순간 견처가 열려, 그 감흥을 게송으로 나타냈습니다.

"정말 신통하구나, 정말 신통해.
무정의 설법은 불가사의하다네.
귀로 들으면 끝내 알기 어렵고
눈으로 들어야만 알 수 있으니."

우리는 안·이·비·설·신·의 6근의 역할이 서로 각각 다르다고 잘못 알고 있습니다. 그것은 6근의 대상인 색·성·향·미·촉·법의 6진을 대할 때 좋아하고 싫어하는 분별 망념 때문입니다. 예를 들어 눈에 대상으로 어떤 모양이 비칠 때, 그 대상에 대하여 있다 없다, 크다 작다, 밉고 예쁘다, 좋다 싫다 하는 모든 분별은 눈이 하는 것이 아니고 제6식과 제7식의 분별 작용입니다. 나머지 귀·코·혀·몸도 이와 같습니다.

눈은 스스로 있을 수 없고 대상으로 인하여 있습니다. 대상이 없으면 눈은 있을 수 없고, 대상 또한 눈이 없으면 있을 수 없습니다. 대상으로 인하여 눈이 있으므로 눈은 있는 것도 아니고, 대상은 눈으로 인하여 있으므로 눈은 없는 것도 아닙니다. 그러므로 눈과 대상(知物)인 사물은 가고 옴(去來)이 있으나 본다는 성품인 마음은 가고 옴이 없습니다. 따라서 좋아하고 싫어하는 모든 분별 망념이 끊어지면 6근과 6근의 작용이 그대로 마음이어서 마음이 보고, 들으며, 냄새 맡고, 맛을 보며, 촉감을 느끼고, 생각합니다. 보는 것이 마음이고, 듣는 것이 마음이며, 냄새 맡는 것이 마음이고, 맛보는 것이 마음이며, 촉감을 느끼는 것이 마음이고, 생각하는 것이 마음이기 때문에 눈으로 소리를 들을 수 있고 소리를 볼 수도 있습니다.

이러한 마음·성품을 현상적인 이 몸(육신)과 유식唯識, 5온五蘊, 3신三身, 4지혜四智慧를 통하여 살펴보겠습니다.

순번 항목	1번	2번	3번	4번
몸(육신)	세포, 신경 작동, 작용	두뇌 지시, 명령	생각 희, 로, 애, 락	마음 성품
유식	전5식前五識 눈·귀·코· 혀·몸	제6식六識 크다 작다, 거 칠게 분별	제7식 말나식 좋아하고 싫어함, 세밀하게 분별	제8식 아뢰아식 DNA, 모든 것을 저 장, 없어지지 않음
5온	색, 수受 받아들임	상想 상상함	행行 제법의 행위	식識 인식 작용의 주체
3신	천백억화신 석가모니불	원만보신 노사나불		청정법신 비로자나불

4지혜	성소작지 成所作智	묘관찰지 妙觀察智	평등성지 平等性智	대원경지 大圓鏡智

(1번)

세포, 신경 : 우리의 몸은 60조 개의 세포로 이루어져 있으며 세포를 비롯한 오장육부는 자율신경과 교감신경, 부교감신경 등에 의해서 기초적인 작동을 시작합니다.

전5식 : 전5식은 눈·귀·코·혀·몸으로 나뉘며 그 작용에는 어떤 분별이 없습니다. 예를 들어 눈에 무엇인가 비칠 때, 이는 곧 수정체 안구에 비치는 그 찰나를 말하는 것으로, 이 비춰진 대상에 대해서 그것이 작다 크다, 검다 푸르다, 좋다 나쁘다 등의 분별은 전5식이 작용하는 것이 아니고 제6식과 제7식의 작용인 것입니다. 신경의 작용도 전5식과 마찬가지로 분별 의식이 없는 작용입니다.

수受 : 5온은 색·수·상·행·식으로 여기서는 색을 제외하였습니다. 수는 신경과 전5식의 작용을 표현한 것으로 무분별 속에서 받아들이고 얻고 담는 행위를 말합니다.

천백억화신석가모니불千百億化身釋迦牟尼佛 : 천백억화신석가모니불은 무량공덕의 참마음의 성품이 막힘없이 비춰 나가서 해와 달 또는 각 별들과 산하대지 삼라만상으로 빛나는 것으로, 삼계의 일체 만유가 천백억으로 변화한 모습을 석가모니 부처님으로 나타낸 것입니다.

성소작지成所作智 : 성소작지는 모든 것을 이루는 지혜로서, 물질인 세포와 신경, 전5식, 받아들이는 수受와 천백억으로 변화한 석가모니불이 본래 공한 것으로, 공이 반야이고 지혜이며 마음으로 모든

124

것을 이룰 수 있는 성소작지가 됩니다.

(2번)

두뇌 : 세포와 신경이 기초적인 작동·작용을 한다면 두뇌는 몸의 모든 작용에 대해 지시·명령을 내립니다.

제6식 : 제6식은 의식으로서, 전5식의 눈·귀·코·혀·몸에 받아들인 것이 대해 있다 없다, 크다 작다, 검다 푸르다 하며 힘을 들이는 공용功用으로 거친 분별 작용을 합니다.

상想 : 상은 두뇌와 제6식의 행위를 상으로 표현한 것으로 분별 작용에 해당합니다.

원만보신노사나불圓滿報身盧舍那佛 : 원만보신노사나불은 참마음의 무량공덕입니다. 공적한 마음이 곧 지혜로서, 지혜가 무량한 공덕입니다.

묘관찰지 : 묘관찰지는 일체를 바르게 관찰하는 지혜입니다. 두뇌와 제6식이 경계를 대하여 공용이 있게 되면 곧 집착을 일으킵니다. 이런 공용이 없는 것을 비공非功이라 하는데, 곧 무심을 의미합니다. 무공용이 되면 분별의 제6식이 바르게 관찰하는 묘관찰지가 되는 것입니다.

(3번)

생각生覺 : 생각은 1번의 '세포, 신경'에서 3번 평등성지까지의 모든 과정이 생기는 것이 생각입니다.

제7말나식 : 제6식은 전5식에서 받아들인 대상을 반연합니다. 즉 주관인 6식이 객관인 5식을 반연하는 것으로 외경을 반연하지만, 제7식은 전적으로 주관에 머물러 마음으로써 마음을 반연하여 나라는 생각에 집착하여 좋아하고 싫어하며, 탐욕, 어리석음, 자만심 등의 마음의 병病을 일으키는 분별 작용을 합니다.

행行 : 생각과 제7말나식의 작용을 행으로 표현한 것입니다.

원만보신노사나불 : 제6식과 제7식은 분별 작용으로 거침과 미세함에 차이가 있을 뿐으로, 분별심이 지혜가 되면 무량공덕을 이루게 됩니다.

평등성지 : 평등성지는 제7말나식에 병이 없음을 말합니다. 제7식에 미혹과 집착의 병이 없는 것이 평등한 지혜인 평등지혜입니다.

(4번)

마음성품 : 세포, 신경, 두뇌, 생각이 마음이고 마음 그대로가 세포, 신경, 두뇌, 생각입니다.

제8아뢰야식 : 아뢰야식의 아뢰야는 저장(藏)이라는 뜻과 무몰(無沒: 없어지니 아니한다)이라는 뜻이 있는데 생각이 없어지지 않는 것과 같은 이치입니다. 이 아뢰야식이 일체 번뇌 망념의 종자를 거두어 저장하여 잃어버리지 않기 때문에 이렇게 부릅니다. 곡식의 종자가 남는 것과 같아서 유정有情의 망념식이 종자식이 되어 윤회의 생사가 벌어지는 것입니다.

이 아뢰야식이 과학에서 말하는 DNA 유전자정보와 같은 뜻입니다. 지구상의 모든 생물은 유전자를 지니고 있으며, 유전자에는 생물의 세포를 구성하고 유지하며 이것들이 유기적인 관계를 이루는 데 필요한 정보가 있으며, 생식을 통해 자손에게 유지된다고 합니다.

나의 DNA 유전자정보에는 시작도 없는 오랜 과거부터 지나온 모든 생각, 행위, 습관, 지녔던 몸의 일체 정보가 저장되었으며 지금도 계속 저장되고 있습니다. DNA는 제8아뢰아식과 마찬가지로 없어지거나 사라지지 않습니다.

식識 : 마음과 제8아뢰아식의 작용을 알음알이, 즉 식으로 나타낸 것입니다.

청정법신비로자나불淸淨法身毘盧遮那佛 : 청정하고 맑은 공의 세계가 청정법신비로자나불이며, 청정하고 맑은 공은 지혜의 무량한 공덕으로 이 공덕이 원만보신노사나불이며, 지혜의 무량공덕이 선명하고 밝게 빛나 막힘없이 비춰 나가서 해와 달, 각 별이나 산하대지 등 삼라만상으로 빛나는 것이 천백억화신석가모니불입니다.

대원경지 : 모든 분별심인 번뇌 망념을 거두어 저장하여 생사윤회의 근본이 되는 제8아뢰아식 그대로 청정한 지혜입니다. 망념을 바꾸고 전환하여 청정하게 하는 것이 아니고, 좋아하고 싫어하는 번뇌의 성품이 본래 청정한 것이 대원경지입니다.

사람과 사람의 작용, 만유萬有와 만유의 작용이 법입니다. 체와 용이 따로 있고, 체용과 법이 따로 있는 것이 아닙니다. 일체가 법이고, 법이 일체입니다. 그러나 좋아하고 싫어하는 망념에 집착하면 사람과 법이 둘로 나누어지고 체와 용이 둘이 되어 버립니다.

부처님께서 『금강경』에 이르신 "불법이 불법이 아니다. 일체법이 불법이다. 일체법이 일체법이 아니고 이름이 일체법이다. 반야바라밀이 반야바라밀이 아니고 이름이 반야바라밀이다. 삼천대천세계의 티끌이 삼천대천세계의 티끌이 아니고 이름이 티끌이다" 등의 말씀은 어떤 법에도 집착하지 말라는 것입니다. 마조 선사가 말했습니다. "자네가 혹시 마음을 알고 싶다고 말한다면, 지금 바로 그와 같이 말하고 있는 것이 바로 자네의 마음이네."

내가 지금 마음을 알고 싶다고 말한다면, 지금 마음이라 하는 그것이 마음인 것입니다. 알고 싶은 것이 마음이고 마음이 알고 싶은 것이기 때문입니다.

또한 "진여眞如는 어느 이름에도 속하지 않지만 그렇다고 이름이 없을 수는 없는 것이다"라고 하였습니다.

허공 및 우주에서 대상으로 파악되는 3아승지의 백천이나 되는 그 모든 명호는 오직 마음의 별칭으로, 어느 것도 실재하는 것이 아닌 이름일 뿐입니다. 그래서 부처님께서 '불법이 불법이 아니라 일체법이 불법이다. 일체법이 일체법이 아니고 이름이 일체법이다. 반야바라밀이 반야바라밀이 아니고 이름이 반야바라밀이다'고 하시며 수차례 비유를 들어 그토록 강조하신 것입니다. 마음과 이름이 다르지 않으나 집착하면 이름과 마음이 나누어지기 때문에, 구함이 없는 것이 참된 구함이고, 이름이 없는 것이 참 이름입니다.

"저 일체법은 본래 있지도 않고, 그렇다고 지금 또한 없는 것도 아니어서 반연이 생겼다고 해서 있는 것도 아니며, 반연이 사라졌다 해서 없는 것도 아니다. 근본이라 할 만한 것이 있지 않으니, 근본은 근본이 아니기 때문이다. 마음은 또한 마음이 아니니, 마음은 마음이 아니기 때문이다. 나아가 이름 또한 이름이 아니니, 이름은 이름이 아니기 때문이다. 법도 없고 본래 마음도 없어야만 비로소 마음이라 하는 마음법을 알게 된다. 법은 곧 법이 아니요 법 아님이 곧 법이며, 법도 없고 법 아님도 없다. 그러므로 이것이 마음이라 하는 마음법이다"라고 하였습니다.

'법도 없고 본래 마음도 없어야만 비로소 마음이라 하는 마음법을 알게 된다.'

이 말은, 법도 있고 마음도 있다면 분별 망념으로 마음이라는 마음법을 알 수 없다는 뜻이며, '법은 곧 법이 아니요 법 아님이 곧 법이다'는, 법은 있는 것이 아니므로 법이 아니고, 법은 없는 것도 아니므로 법 아님이 법인 것이며, '법도 없고 법 아님도 없다'고 한 것은, 싫어하는 법도 없고 또한 싫어하는 법이 없으니, 좋아하는 법도 없는 이것이 바로 마음이라는 마음법입니다.

석가모니 부처님께서 6년의 고행 끝에 부다가야의 보리수 아래에서 샛별을 보시고 정각正覺을 이루신 후에 만유를 둘러보시며 말씀하셨습니다.

"기이하고 기이하다. 일체 중생이 모두 여래와 같은 지혜 덕상을 갖추고 있건만 분별 망상으로 깨닫지 못하고 있구나!"

이 뜻은, 일체 중생이 본래부터 모두 부처인데 내가 그동안 분별 망상에 가리어 모르고 있었구나 하는 말씀입니다. 부처님께서 깨닫기 전에는 있다 없다, 크다 작다, 더럽다 깨끗하다, 옳다 그르다, 좋다 싫다 하는 마음으로 일체 중생을 보셨으나, 이제 마음을 깨닫고 모든 분별 망념을 여의고 보니 일체 중생이 그대로 부처라는 것입니다.

부처님께서 49년 동안 설하신 팔만사천대장경은 오직 본래 있는 것도 아니고 없는 것도 아닌 이 분별 망념을 여의라는 말씀입니다. 그래서 조사께서 말씀하기를 "부처님께서 팔만사천법문을 하신 것은 팔만사천 번뇌 망념을 없애기 위함인데, 나에게 일체의 망념이 없거니 팔만사천법문이 무슨 소용이 있겠는가?"라고 하였습니다.

중생의 분별 망념으로 대표적인 것이 있음과 없음으로, 있음과 없음은 서로 인하여 있으므로 '있는 것도 아니고 없는 것도 아니며' 또한 있고 없음입니다.

있는 것이 아닌 것이 진공眞空이고, 없는 것이 아닌 것이 묘하게 있는 묘유妙有로서 또한 있고 없는 것입니다. 이 묘유의 있고 없음은 분별 대립의 있고 없음이 아니라, 대립이 없고 걸림이 없어서 융통자재하여 있음과 없음이 서로 통하여 둘이 아닌 한마음의 있고 없음입니다. 한마음의 있고 없음은 분별 망념을 여의고 마음을 깨닫기 전에는 실천이 되질 않습니다. 그러므로 부처님과 조사 스님의 있음과 없음, 중생의 있음과 없음은 분명히 다른 줄 알아야 하는 것입니다.

부처님과 조사 스님께서 법을 전하는 전법게傳法偈는 우리의 마음을 전하는 것인데, 그런 전법게를 살펴보겠습니다.

석가모니 부처님께서 마하가섭에게 이르시기를 "나의 미묘법문 실상무상 청정법안 열반묘심 정법안장을 그대에게 부촉하노라" 하시면서 전법하시니, 그 전법게는 이러합니다.

석가여래부촉법

석가모니 부처님께서 마하가섭에게 법을 전하신 전법게

법본법무법法本法無法 법이라 하는 본래 법은 없는 법이요
(법이 본래 법이 아니므로 법은 있는 것이 아닌 것이 법으로)

무법법역법無法法亦法 없는 법이란 법도 또한 법이라
(법이란 없는 것도 아니므로 이 또한 법입니다.)

금부무법시今付無法時 이제 없는 법을 부촉하는 때
(없는 법은 없는 것도 아닌 법이요, 부촉은 있는 것도 아닌 법으로서)

법법하증법法法何曾法 법, 법은 어찌 거듭한 법인가
(법이다, 법이다 하는 법은 있다는 법과 없다는 법으로 있음과 없음에
집착하지 않으면 법, 법은 있을 수 없습니다.)

제1세 마하가섭 존자가 제2세 아난다 존자에게 법을 전하는 전법게

법법본래법法法本來法 법 법은 본래 법이다
(있다는 법과 없다는 법에 머물지 않는 것이 본래 법으로)

무법무비법無法無非法 법도 없고 법 아님도 없나니
(싫어하는 법도 없고 싫어하는 법 아닌 좋아하는 법도 없습니다.)

하어일법중何於一法中 어찌 한 법 가운데

(한마음이 한 법으로 어찌 한마음 가운데에)

유법유불법有法有非法 법이 있고 법 아님이 있으리

(법이 있고 법 아님이 있을 수 없으니, 만약 법이 있고 법 아님이 있다면 그것은 망녕입니다.)

제2세 아난다 존자가 제3세 상나화수 존자에게 법을 전하는 전법게

본래부유법本來付有法 본래 있는 법을 부촉하였지만

(본래 있는 한마음 법을 부촉하였으나)

부료언무법付了言無法 부촉하고는 없는 법을 말하니라

(법을 부촉한다면 법의 있음에 떨어지니, 있는 것이 아닌 법을 말합니다.)

각각수자오各各須自悟 각각 모름지기 스스로 깨달을지니

(있는 것도 아니요, 없는 것도 아닌 것을 깨달으면)

오료무무법悟了無無法 법 깨달아 마치면 없는 법도 없으리라.

(없는 것도 없는 법을 깨닫게 됩니다.)

제3세 상나화수 존자가 제4세 우바국다 존자에게 법을 전하는 전법게

비법역비심非法亦非心 법도 아니고 또한 마음도 아니다

(법이다, 마음이다 하는 집착이 있으면 법도 아니고 마음도 아니며)

무심역무법無心亦無法 마음도 없고 또한 법도 없도다

(집착하는 마음도 없고 또한 법도 없습니다.)

설시심법시說是心法時 이 마음의 법을 설할 때

(이 마음의 법을 설한다고 하면)

시법비심법是法非心法 이 법은 마음법도 아니니라.

(이 법은 마음법도 아닌 것입니다.)

제4세 우바국다 존자가 제5세 제다가 존자에게 법을 전하는 전법게

심자본래심心自本來心 마음은 본래부터의 마음이니

(마음은 본래부터 있는 것이 아닌 것이 마음으로)

본심비유법本心非有法 본래의 마음은 법이 있는 것이 아니다

(마음이 법이고 법이 마음이므로 법이 따로 있는 것이 아닙니다.)

유법유본심有法有本心 법이 있고 본래의 마음이 있다면

(그러므로 따로 법이 있고 본래의 마음이 있다고 한다면)

비심비본법非心非本法 마음도 아니요 본래의 법도 아니다.

(이것은 마음도 아니요 본래의 법도 아닌 것입니다.)

제5세 제다가 존자가 제6세 마차가 존자에게 법을 전하는 전법게

통달본심법通達本心法 본래 마음 법을 통달하면

(있는 것도 아니고 없는 것도 아닌 본래의 마음법을 통달하면)

무법무비심無法無非法 법도 없고 법 아님도 없다

(싫어하는 법도 없고 싫어하는 법이 아닌 좋아하는 법도 없습니다.)

오료동미오悟了同未悟 깨달음을 마쳐도 깨닫지 않음 같으니

(마음을 깨달아도 마음은 조금도 바뀌지 않으니)

무심역무법無心亦無法 마음도 없고 또한 법도 없도다.

(마음과 법을 찾을 수 없습니다.)

제6세 마차가 존자가 제7세 바수밀 존자에게 법을 전하는 전법게

무심무가득無心無可得 마음 없으면 가히 얻을 것이 없나니

(마음은 있는 것이 아니므로 얻고자 하는 마음이 없다면 얻을 것이 없으며)

설득불명법說得不名法 이름 없는 법을 얻어서 설하여

(얻을 것이 없는 마음 법을 설하게 됩니다.)

약요심비심若了心非心 만약 마음 아닌 마음을 요달하면

(만약 있는 것도 아니고 없는 것도 아닌 마음을 요달하면)

시해심심법始解心心法 비로소 마음 법을 마음으로 요해하리라.

(비로소 한마음 법을 알게 될 것입니다.)

제7세 바수밀 존자가 제8세 불타난제 존자에게 법을 전하는 전법게

심동허공계心同虛空界 마음이 허공계와 같아서

(마음과 허공은 있는 것도 아니고 없는 것도 아니어서)

시등허공법示等虛空法 허공과 같은 법을 보이나니

(있는 것도 아니고 없는 것도 아닌 허공의 법을 보입니다.)

증득허공시證得虛空時 허공을 증득하게 될 때에

(있는 것도 아니고 없는 것도 아닌 허공을 증득하면)

무시무비법無是無非法 옳은 법도 없고 그른 법도 없나니라.

(옳고 그른 법이 있을 수 없습니다.)

제8세 불타난제 존자가 제9세 복타밀다 존자에게 법을 전하는 전법게

허공무내외虛空無內外 허공은 안과 밖이 없나니

(허공은 있는 것도 아니고 없는 것도 아니어서 안과 밖이 없으며)

심법역여차心法亦如此 마음법도 또한 이와 같도다

(마음법도 또한 이와 다르지 않습니다.)

약요허공고若了虛空故 만약 허공의 연고를 요달하면

(만약 있는 것도 아니고 없는 것도 아닌 뜻을 요달하면)

시달진여리始達眞如理 이에 진여의 도리를 통달하리라.

(이 한마음의 도리를 통달할 것입니다.)

제9세 복타밀다 존자가 제10세 협 존자에게 법을 전하는 전법게

진리본무명眞理本無名 진리는 본래 이름이 없지만

(한마음은 본래 이름이 없지만)

인명현진리因名顯眞理 이름을 인연하여 진리를 나투는도다

(이름을 인연한 모든 대상은 마음의 별칭으로 진리인 것입니다.)

수득진실법受得眞實法 진실한 법을 얻어 받으면

(진실한 한마음 법을 얻어 받으면)

비진역비위非眞亦非僞 진실도 아니고 또한 거짓도 아니니라.

(진실도 거짓도 또한 한마음입니다.)

제10세 협 존자가 제11세 부나야사 존자에게 법을 전하는 전법게

　진체자연진眞體自然眞　참 본체는 자연히 참되니
　(참마음은 스스로 참되니)

　인진설유리因眞說有理　참됨에 인하여 진리를 설한다
　(진리를 설하는 것이 참마음입니다.)

　영득진진법領得眞眞法　참으로 참된 법임을 영득하면
　(진정 참된 마음법을 영득하면)

　무행역무지無行亦無止　행할 것도 없고 또한 그칠 것도 없도다.
　(행하고 그치는 것이 오직 한마음일 뿐입니다.)

제11세 부나야사 존자가 제12세 마명 존자에게 법을 전하는 전법게

　미오여은현迷悟如隱現　미혹과 깨달음은 숨음과 드러남 같고
　(미혹과 깨달음, 숨음과 드러남은 서로 인하여 있으므로 서로 다르지 않
　으며)

　명암불상리明暗不相離　밝음과 어두움은 서로 여의지 않으니
　(밝음과 어두움은 서로 인하여 밝음이 어두움이고 어두움이 밝음입
　니다.)

　금부은현법今付隱現法　이제 숨음과 드러남의 법을 부촉하나니
　(이제 숨음과 드러남이 다르지 않는 한마음 법을 부촉하나니)

비일역비이非一亦非二 하나도 아니고 또한 둘도 아니다.

(하나가 둘이고 둘이 하나인 한마음 법입니다.)

제12세 마명존자가 제13세 가비마라존자에게 법을 전하는 전법게

은현즉본법隱現卽本法 은과 현이 곧 본래 법이라

(숨음과 드러남이 본래 한마음 법이어서)

명암원불이明暗元不二 밝음과 어두움이 원래 둘이 아니니라

(밝음과 어두움이 원래 둘이 아닌 한마음입니다.)

금부오료법今付悟了法 이제 깨달아 마친 법을 부촉하노니

(이제 깨달아 마친 한마음 법을 부촉하노니)

비취역비리非取亦非離 취할 것도 아니고 또한 여읠 것도 아니로다.

(취함도 마음이고 여의는 것도 마음으로 한마음입니다.)

제13세 가비마라 존자가 제14세 용수 존자에게 법을 전하는 전법게

비은비현법非隱非顯法 숨지도 않고 드러나지도 않는 법은

(숨지도 않고 드러나지도 않는 이 마음법은)

설시진실제說是眞實際 이 진실한 실제를 설함이니

(이 진실한 마음을 설하는 것입니다.)

오차은현법悟此隱顯法 이 숨음과 드러난 법을 깨달으면

(숨음과 드러남이 다르지 않음을 깨달으면)

바우역비지非愚亦非智 어리석지도 않고 또한 지혜롭지도 않도다.

(어리석음도 마음이고 지혜로움도 마음이기 때문입니다.)

제14세 용수 존자가 제15세 가나제바 존자에게 법을 전하는 전법게

위명은현법爲明隱顯法 숨음과 드러난 법을 밝히기 위해

(숨음과 드러남이 둘이 아니고 한마음이라는 뜻을 밝히기 위해)

방설해설리方設解脫理 방편으로 해탈의 진리를 설함이로다

(방편으로 깨달음의 진리를 설합니다.)

어법심무증於法心不證 법을 증득하려는 마음이 없으면

(법을 얻고자 하는 마음이 없다면)

무진역무희無嗔亦無喜 진에도 없고 또한 환희도 없도다.

(화냄도 없고 또한 기쁨도 없습니다.)

제15세 가나제바 존자가 제16세 나후라다 존자에게 법을 전하는 전법게

본대전법인本對傳法人 본래 법 전할 사람을 대하여

(본래의 마음을 전할 사람을 대하여)

위설해탈리爲設解脫理 해탈의 이치를 해설하지만
(마음의 이치를 해설하지만)

어법실무증於法實無證 실제로 법을 증득함이 없어서
(실제로 마음은 증득할 수 없기 때문에)

무종역무시無終亦無始 종말이 없고 또한 시원이 없느니라.
(끝도 없고 또한 시작도 없습니다.)

제16세 나후라다 존자가 제17세 승가난제 존자에게 법을 전하는 전법게

어법실무증於法實無證 법을 실제로 증득한 것이 없고
(마음은 실제로 증득할 수 없으니)

부취역불리不取亦不離 취할 것도 없고 또한 여읠 것도 없도다
(취할 것도 없고 또한 여읠 것도 없습니다.)

법비유무상法非有無相 법은 있고 없는 형상이 아닌데
(마음은 있는 것도 아니고 없는 것도 아니어서 모양이 없으므로)

내외운하기內外云何起 어찌 안과 밖이 일어나리요.
(안과 밖이 일어날 수 없습니다.)

제28세 동토 중국 초조 보리달마 조사가 제29세 동토 제2조 신광(혜가) 조사에게 법을 전하는 전법게

오본래차토吾本來此土 내가 본래 이 국토에 온 뜻은
(내가 본래 이 국토에 온 뜻은)

전법구미정傳法救迷情 법을 전하여 미혹 중생을 구제키 위함이라
(오고감이 없고, 법을 전할 사람도 법을 받을 사람도 없는 것을 보이는 것이 중생을 구제하는 것입니다.)

일화개오엽一花開五葉 한 떨기 꽃에 다섯 잎이 피어서
(분별 망념이 없는 곳에 한마음의 꽃이 피어나면)
*오엽: 동토 2조 신광혜가, 3조 감지승찬, 4조 대의도신, 5조 대만홍인, 6조 대감혜능.

결과자연성結果自然成 열매 맺음이 자연으로 이루리라.
(깨달음의 열매 맺음이 자연히 이루어질 것입니다.)

제29세 신광혜가 조사가 제30세 감지승찬 조사에게 법을 전하는 전법게

본래유연지本來有緣地 본래 땅 있음을 반연하여
(본래 마음 땅이 있음을 인연하여)

인지종화생因地種花生 땅으로 인하여 종자와 꽃이 생기도다
(마음의 작용이 종자와 꽃입니다.)

본래유무종本來有無種 본래 종자 있음이 없는지라

(마음과 종자, 체와 용이 다르지 않습니다.)

화역부증생花亦不曾生 꽃도 또한 일찍 나지 않으리.

(마음인 꽃은 나는 것이 나는 것이 아닙니다.)

제30세 감지승찬 조사가 제31세 대의도신 조사에게 법을 전하는 전법게

화종수인지花種雖因地 꽃과 종자가 비록 땅을 인하고

(꽃과 종자인 용用은 땅인 체體로 인하고)

종지종화생從地種花生 땅으로부터 종자와 꽃이 나지만

(땅인 체로 인하여 용인 종자와 꽃이 납니다.)

약무인하종若無人下種 만약 종자를 뿌리는 사람이 없으면

(체와 용이 다르지 않아 용에 집착하지 않으면)

화지진무생花地盡無生 꽃밭에 다 남이 없음이라.

(마음의 꽃밭에는 나는 것도 없고 나는 것이 다함도 없습니다.)

제31세 대의도신 조사가 제32게 대만홍인 조사에게 법을 전하는 전법게

화종유생성華種有生性 꽃씨는 나오는 성품이 있어서

(꽃씨는 작용의 성품으로)

인지화생생因地華生生 땅을 인하여 나와 꽃이 피나니

(마음의 땅인 체를 인하여 작용의 꽃이 피어납니다.)

대연여성합大緣與信合 큰 반연으로 더불어 성품에 부합하면

(큰 깨달음으로 마음의 성품과 부합하면)

당생생불생當生生不生 마땅히 나고 남은 나는 것이 아니니라.

(땅과 꽃이 나고 나는 것이 나는 것이 아닙니다.)

제32세 대만홍인 조사가 제33세 대감혜능 조사에게 법을 전하는 전법게

유정래하종有情來下種 유정이 와서 종자를 뿌리면

(마음을 일으키면)

인지과환생因地果還生 땅을 인하여 열매가 생기지만

(일으킨 마음으로 인하여 결과가 생깁니다.)

무정기무종無情旣無種 무정은 이미 종자가 없는지라

(마음을 일으키지 않으면 종자도 없으며)

무성역무생無性亦無生 성품도 없고 또한 생함도 없느니라.

(마음도 없고 또한 생기는 것도 없습니다.)

제33세 대감혜능 조사가 제34세 남악회양 조사에게 법을 전하는 전법게

심지함제종心地含諸種 심지에 모든 종자가 포함되어서
(일체가 모두 한마음으로)

보우실개성普雨悉皆性 널리 비가 오면 싹이 나오리라
(무심의 비가 널리 오면 깨달음의 싹이 나옵니다.)

돈오화정이頓悟華情已 화정을 돈오하여 마치면
(단박에 마음을 깨달아 마치면)

보리과자성菩提果自成 보리의 열매는 자연히 이루리로다.
(깨달음의 열매를 자연히 이룰 것입니다.)

제34세 남악회양 조사가 제35세 마조도일 조사에게 법을 전하는 전법게

심지함제종心地含諸種 심지에 모든 종자가 포함되었고
(본체와 작용이 한마음으로)

우택실개맹遇澤悉皆萌 윤택함을 만나 골고루 다 싹이 트나니
(좋아하고 싫어하는 분별이 없으면 일체가 깨달음이니)

삼매화무상三昧華無相 삼매의 꽃은 형상이 없어서
(그 깨달음은 모양이 없기 때문에)

하괴복하성何壞復何成 무엇이 무너지고 다시 무엇이 이루어지리오.

(무너지고 이루어지는 것이 없습니다.)

제35세 마조도일 조사가 제36세 백장회해 조사에게 법을 전하는 전법게

심지수시설心地隨時說 마음의 경지를 수시로 말하고

(본체는 작용에 의해서 나타나며)

보리역지영菩提亦只寧 보리의 도과도 그렇게 하되

(깨달음 또한 이와 같습니다.)

사리구무애事理俱無碍 현상과 본체의 걸림이 없으면

(작용과 본체가 다르지 않아 걸림이 없으면)

당생즉불생當生卽不生 나도 나는 것이 아니니라.

(나는 것도 아니고 나는 것이 아닌 것도 아닙니다.)

제36세 백장회해 조사가 제37세 황벽회운 조사에게 법을 전하는 전법게

본무언어촉本無言語囑 본래 말과 말로 부촉할 수 없음을

(이 마음법은 본래 말로 부촉할 수 없지만)

강이심법전强以心法傳 강제로 마음법을 전하는 것은

(억지로 말로 표현하는 것입니다.)

여기수지법汝旣受持法 그대가 이미 법을 받아

(그대가 이미 마음법을 깨달아)

심법갱하언心法更何言 마음법을 다시 어찌 말하리오.

(마음법을 다시 말할 필요가 없습니다.)

제37세 황벽희운 조사가 제38세 임제의현 조사에게 법을 전하는 전법게

병시심법재病時心法在 병이 있을 때 마음법도 있음이요

(미혹하기 때문에 깨달음도 있으며)

부병심법우不病心法無 병이 아니면 마음법도 없음이라

(미혹하지 않으면 깨달음도 없습니다.)

오소부심법吾所付心法 내가 부촉하는 바 마음법은

(내가 부촉하는 이 마음법은)

부재심법도不在心法途 마음법이 길에 있지 않음이로다.

(이 마음법은 미혹함과 깨달음에 있지 않습니다.)

　부처님과 조사 스님의 전법게는 모두 우리의 마음을 전하는 것으로 우리의 마음이 본래 부처임을 바로 가르쳐 주신 것이며, 마음과 마음이 다르지 않기 때문에 조사라 하며, 이 뜻을 알면 바야흐로 출가자라고 부르게 된다고 하였습니다.

이제 앞에서 말한 몸(육신), 유식, 5온, 3신, 4지혜에 대해 살펴보 겠습니다.

앞의 도표에 나타난 몸, 유식, 5온, 3신, 4지혜는 모두 한마음의 작용으로 세포와 신경, 두뇌, 생각, 마음이 서로 다르지 않으며, 전5식, 제6식, 제7식 말나식, 제8식 아뢰야식이 서로 다르지 않으며, 색, 수, 상, 행, 식이 서로 다르지 않으며, 천백억화신석가모니불, 원만보신 노사나불, 청정법신비로자나불이 서로 다르지 않으며, 성소작지, 묘 관찰지, 평등성지, 대원경지가 서로 다르지 않으며, 몸(육신), 유식, 5온, 3신, 4지혜가 서로 다르지 않습니다. 그러나 분별 망념 속에서 본다면 각각 따로 벌어지는 것입니다.

우리의 삶은 집착의 삶입니다. 항하사, 즉 항하 강의 모래알만큼 이나 많은 분별 망념으로 좋아하는 것은 취하려 하고 싫어하는 것은 버리려고 하지만 이 집착은 이루어질 수 없으며, 설사 잠시 이루어 졌다고 하더라도 다시 허물어지기 때문에 결국 고통으로 돌아오는 것입니다.

이러한 집착의 근본은 자아自我, 즉 나라는 것과 내 몸이라는 생각 때문입니다. 부처님께서는 "일체 중생의 성품이 청정하여서 본래로 생함이 없고 멸함도 없으며, 곧 이 몸과 마음이 환(幻: 허깨비)에서 생기었으니, 근본도 없고 실다운 성품도 없고 생사도 없으며 죄와 복도 없다"라고 하셨습니다.

나라는 것은 너라는 것으로 인해 있으며, 너라는 것이 없으면 나 라는 것이 없기 때문에 나는 있는 것이 아닌데, 만약 내 마음과 내 몸이 있다고 한다면 이것은 번뇌 망념인 것입니다. 달마 대사가 이르기를 "4대와 5온이 본래 공하여 '나'가 없음을 알며, 자기 마음에서 일어나는 작용이 두 가지가 있음을 알아야 하나니, 무엇이 둘인가? 첫째는 청정한 마음이요 둘째는 더러운 마음이다. 청정한 마음이라 함은 무루無漏인 진여眞如의 마음이요, 더러운 마음이라 함은 유루有漏인 무명無明의 마음이다. 이 두 가지 마음은 본래부터 함께 존재하는 것이어서 비록 인연에 의해 어울릴지언정 서로 생기게 하지는 못하느니라"고 하였습니다.

'이 두 가지 마음이 본래부터 함께 존재한다'고 함은, 청정한 마음인 진여는 구경의 깨달음이고 더러운 마음인 무명은 번뇌임을 말합니다.

진여는 무명으로, 무명은 진여로 인하여 서로 체와 용의 관계로 있기 때문에 함께 존재하는 것이며, '이 두 가지 마음은 인연에 의해서 어울린다는 것'은, 지금 진여에 머물고 있다면 진여는 작용이고 무명은 본체이며, 지금 무명에 머물고 있다면 무명이 용이고 진여가 체로서, 집착과 머무는 마음의 인연에 따라 나타나는 체와 용을 말하는 것입니다.

'서로 생기게 하지는 못한다'고 함은, 깨달음과 번뇌는 생기는 것이 아니라는 말입니다. 생기는 것이 아니므로 멸하는 것도 없습니다. 깨달음은 번뇌로 인하여 있으므로 깨달음이 있는 것도 아니고, 번뇌 또한 깨달음으로 인하여 있으므로 있는 것도 아니며, 번뇌는 깨달음으로 인하여 있으므로 깨달음은 없는 것도 아니고, 깨달음은 번뇌로 인하여 있으므로 번뇌 역시 없는 것도 아닙니다. 체와 용도 이와 다르지 않아서 체가 없으면 용이 없고, 작용이 없으면 본체도 없습니다. 따라서 진여가 무명이고 무명이 진여이며, 체가 용이고 용이 체인 것입니다. 너와 나는 있는 것도 아니고 없는 것도 아니며, 눈·귀·코·혀·몸·뜻의 6진과 대상인 물질·소리·향기·맛·감촉·법도 있는 것이 아니고 없는 것도 아니며, 일체의 능能·소所가 있는 것도 아니고 없는 것도 아닙니다. 있는 것도 아닌 것이 진공이고 없는 것도 아닌 것이 묘유로서, 묘하게 있는 것이 또한 있고 없음입니다.

동산 선사가 개울물을 건너다가 자신의 그림자를 보고 크게 깨닫고 읊은 「과수게」에서 말하기를

"남에게 찾는 일 절대 조심할지니
자기와는 점점 더 아득해질 뿐이네.
내 이제 홀로 가나니
가는 곳마다 그분을 뵈오리.
그는 지금 바로 나이지만
나는 지금 그가 아니라네.
모름지기 이렇게 알아야만
여여如如에 계합하리라."

'내 이제 홀로 가나니 가는 곳마다 그분을 뵙는다'는 것은, 그가 없으면 내가 없고, 만약 내가 있다면 그도 항상 있으므로, 내가 가는 곳마다 그를 보는 것을 말합니다. '그는 지금 바로 나'라고 함은, 그는 나로 인하여 있기에 그는 있는 것이 아니며, '나는 지금 그가 아니다'고 함은, 나는 지금 그라고 한다면 나도 있는 것이 아닌 것이

되기 때문에, 나는 지금 그가 아님으로 없는 것도 아닌 묘유가 되는 것입니다. 모름지기 이렇게 알아야만 다르지 않음에 계합할 수 있습니다.

선사가 말하기를 "그는 너이지만 너는 그가 아니다"라고 하였는데 여기서 너는 동산 선사의 나를 말하는 것입니다. 있음과 없음에서 그가 있음이라면 너는 없음으로, 그는 있는 것도 아니고 너는 없는 것도 아니며 또한 있고 없음입니다.

이러한 묘유의 있고 없음은 대립과 분별의 있고 없음이 아니기 때문에 무장무애하고 융통자재하여 분별과 대립이 없는 묘용인 것입니다. 항하 강의 모래 수와 같이 무수한 우리의 분별 망념은 본래 있는 것도 아니고 없는 것도 아닌 묘용으로, 이 묘용은 생기는 것이 아니므로 멸하지도 않습니다. 일체가 구족하고 원만한 공덕으로 무수겁을 사용해도 조금도 줄지 않는 무량한 공덕입니다.

그래서 부처님께서는 이 마음의 공덕에 대해서, 어떤 사람이 우주에 있는 모든 별의 숫자와 크기와 같은 칠보를 널리 보시하였을 때 얻는 복덕보다 이 마음의 깨달음의 복덕이 비교할 수 없을 만큼 더 크다고. 『금강경』 전체의 4분의 1에 해당하는 부분을 할애하여 수차례 간절히 말씀하셨습니다. 그것은 칠보를 보시한 공덕이 참으로 많다 하더라도 그 복덕은 과보로 인한 복덕이므로 끝내는 모두 허물어지기 때문입니다.

우리가 화두·염불·기도할 때, 일체를 한마음으로 보며 일념 정진하여 본래의 자심청정을 반드시 깨우쳐 무량공덕을 이루어야 합니다.

나무대세지 보살마하살 南無大勢至菩薩摩訶薩

불여밀다 존자가 이르기를 "참 성품이 심지에 감추어 있으니, 머리도 없고 또한 꼬리도 없도다. 인연에 따라 중생을 교화하나니, 방편으로 지혜라고 부른다"라고 하였습니다.

대세지보살은 지혜를 상징합니다. 지혜가 공이고 공이 마음입니다. 마음은 그 자체만으로는 마음일 수 없고 대상과 관계 지어질 때에만 마음일 수 있으며, 대상 또한 대상 그 자체만으로는 대상일 수 없으며, 마음과 관계 지어질 때에만 대상일 수 있습니다. 지혜 역시 망념의 인연에 따라 있으므로 지혜 자체에는 머리도 없고 꼬리도 없으며, 다만 망념을 교화하는 인연에 의해서 있으므로 지혜는 방편으로 있는 것입니다. 지혜에는 지혜가 없습니다. 망념으로 인해 지혜가 있고 지혜로 인해 망념이 있는데, 지금 지혜가 있다면 그것은 망념이기 때문입니다. 따라서 '지혜도 없고 지혜가 없는 것도 아닌 것이 참된 지혜입니다.'

경에 이르시기를 "나라는 견해는 나라는 견해가 아니고, 남이라는 견해는 남이라는 견해가 아니고, 중생이라는 견해는 중생이라는 견해가 아니고, 오래 산다는 견해는 오래 산다는 견해가 아니니 어떤 견해와 생각도 내지 말아야 한다"고 하였습니다. 지혜가 없는 가운데에서 지혜를 일으키면 이로부터 망념이 일어나기 때문입니다. 지혜는 있고 없음에 속하지 않고 안다는 것과 모른다는 것에 속하지 않는 것으로, 분별 망념의 견해가 없는 그것이 대지혜인 대세지보살에 귀의하는 것입니다.

나무천수보살마하살 南無千手菩薩摩訶薩

천 개의 손을 지닌 천수보살마하살.

조주 선사에게 어떤 노파가 재물을 보시하고는 장경을 읽어 달라 하거늘, 선사가 선상에서 내려와 한 바퀴 돌고는 말하였습니다.

"장경을 다 읽었노라."

사람이 돌아가서 노파에게 이야기하니 노파가 말하였습니다.

아까는 장경을 한 번 읽어 달라 했는데 어째서 선사는 반밖에 읽지 않았을까?

운문 선사가 상당하여 이 이야기를 들어 말했습니다.

"대중들이 분별하기를, 어떤 것이 반 장경인가? 하고 혹은 '한 바퀴 더 돌라' 하며, 혹은 '손가락을 한 번 튀겨라' 하고, 혹은 '기침을 한 번 하라' 하며, 혹은 '할을 한 번 하라' 하고, 혹은 '손뼉을 한 번 쳐라' 하니, 이런 견해는 모두가 창피를 모르는 소치이다. 만일 그 반 장경을 따지자면 조주가 다시 한 바퀴 돌아야 된다고 하지 말라. 설사 백·천·만·억 바퀴를 돌더라도 노파의 경지에서는 역시 반 장경이요, 설사 다시 수미산을 백·천·만·억 바퀴를 돌더라도 노파의 경지에서는 겨우 반 장경이며, 설사 산하와 대지와 초목이 모두 광장설廣長舌을 갖추고 이구동성으로 오늘부터 미래가 다하도록 읽더라도 노파의 경지에서는 역시 반 장경일 뿐이니, 여러분은 그 노파를 알고자 하는가?"

양구良久했다가 말하였습니다.

"수놓은 원앙은 그대 마음대로 보시오마는, 금바늘은 남에게 줄

152

수 없느니라."

노파가 재물을 보시하고 장경을 읽어 달라 하니, 조주 선사가 선상에서 내려와 한 바퀴 돌고는 "장경을 다 읽었노라" 하였는데, 노파가 "아까는 장경을 한 번 읽어 달라 했는데 어째서 선사는 반 밖에 읽지 않았을까?"라고 말한 것은, 마음은 스스로 마음일 수 없고 대상으로 말미암아 마음일 수 있으며, 대상은 스스로 대상일 수 없고 마음으로 말미암아 대상일 수 있으며, 손가락은 스스로 자신을 만질 수 없고, 칼은 스스로 자신을 자를 수 없으며, 촛불은 스스로 자신을 밝게 할 수 없고, 의자는 스스로 자신을 앉을 수 없습니다. 이와 같이 모든 존재는 절반의 모습을 하고 있습니다. 그러나 이 절반의 모습은 절반의 모습뿐만이 아니고 손가락과 만지는 대상, 칼과 자르는 대상, 촛불과 밝히는 대상, 의자와 앉는 대상은 체용의 관계로 있는 것이 아니고 없는 것도 아니므로 서로 다르지 않습니다. 손가락이 만져지는 대상이고 만져지는 대상이 손가락이며, 칼이 잘리는 대상이고 잘리는 대상이 칼로서, 우주의 일체 존재가 이와 같습니다.

그러므로 절반이 하나이고 하나가 절반이며, 절반이 천이고 천이 절반이어서, 운문 선사가 반 장경을 따지자면 조주 선사가 다시 한 바퀴를 돌아야 되는 것도 아니고, 설사 백·천·만·억 바퀴를 돌아도 역시 반 장경이며, 다시 수미산을 백·천·만·억 바퀴를 돌지라도 역시 반 장경이며, 가령 천하의 노화상들이 이렇게 백·천·만·억 바퀴를 돌더라도 노파의 경지에서는 겨우 반 장경이며, 설사 산하와 대지와 초목이 모두 장광설을 갖추고 이구동성으로 오늘부터 미래가 다하도록 읽더라도 노파의 경지에는 역시 반 장경일 뿐이라고 한 것입니다.

절반의 티끌이 우주의 별을 모두 부수어 놓은 티끌의 수이고, 우주 전체의 티끌이 절반의 티끌입니다. 한 그루 나무의 뿌리, 줄기, 껍질, 잎, 꽃, 열매는 방편의 인연에 따라 나타난 티끌이 모인 모양이며, 우주에 존재하는 일체의 모양도 허깨비 같은 인연이 만들어 놓은 티끌의 모양일 뿐인데, 중생은 이 모양을 바로 보지 못하기 때문에 좋아하고 싫어하는 허망한 어리석음을 일으키고 있는 것입니다. 중생과 부처에게 차이가 있다면 중생은 티끌을 티끌로 보고, 부처는 티끌을 마음으로 볼 뿐입니다.

"수놓은 원앙은 그대 마음대로 보시오마는, 금바늘은 남에게 줄 수 없느니라."

이 뜻은, 세상의 모든 현상은 볼 수 있으나 그 현상을 수놓은 마음은 볼 수가 없고, 또한 남에게 줄 수도 없다는 말입니다.

나무여의륜보살마하살 南無如意輪菩薩摩訶薩

여의륜如意輪이란 뜻과 같이 이룬다는 것입니다. 뜻과 같이 이룬다고 하여 어떤 뜻이 있어서 무엇을 이루는 것이 아닙니다. 만약 어떤 뜻이 있다면 그것은 분별 망념으로 분별이 없는 무심, 무념이 부처이고 마음이며, 공·지혜·열반·해탈·중도입니다. 또한 무심, 무념이다 하여 없는 마음, 없는 생각이 따로 있는 것도 아닙니다. 무념이란 삿된 생각이 없는 것인데, 삿된 생각이 없으면 그 생각이 바른 생각으로, 삿된 생각과 바른 생각이 따로 있는 것이 아닙니다. 삿된 생각은 분별의 대립을 말합니다.

6조 혜능 선사께서는 어록 『육조단경』에서 말씀하셨습니다.

"어느 날 조사께서 문인門人들을 불러 모으시고 '너희들은 다른 사람들과 달라서 내가 죽은 후에는 각각 한 지방의 스승이 될 것이다. 내가 이제 너희들에게 설법하는 방법을 가르쳐 주리니 내 근본 종지를 잃어버리지 않게 하여라.

먼저 삼과三科법문과 동용動用 36대對를 들 것이니, 드나듦에 양변을 떠나 일체법을 설할 때 자성을 떠나지 마라. 홀연히 어떤 사람이 너희들에게 법을 묻거든 말함에 있어 모두 쌍으로 하여 모두 대법大法을 취하며 오고감이 서로 원인이 되어 마침내는 두 법을 다 없이 하여 다시 갈 곳이 없도록 하라.

삼과법문이란 음陰·계界·입入을 말한다. 음陰이란 곧 5음으로 색·수·상·행·식을 말하고, 입은 12입으로서 외육진外六塵인 색·성·향·미·촉·법과 내육문內六門인 안·이·비·설·신·의가 그것이다. 계界는 18계로서 6진·6문·6식이다. 자성이 일체 만법을 포함하는 것을 함장식含藏識이라 하는데, 만약 사량思量을 일으킬 것 같으면 곧 전식轉識이다. 육식을 일으켜 6문으로 나아가서 6진을 보며, 이와 같이 18계가 모두 자성을 따라 작용을 일으킨다. 만약 자성이 삿되면 열여덟 가지 나쁜 것을 일으키고, 자성이 올바르면 열여덟 가지 올바름을 일으킨다. 만약 악하게 작용하면 곧 중생의 작용이요, 착하게 작용하면 곧 부처의 작용이다. 자성自性

으로 말미암아 대법對法이 있다. 외경外境의 물질세계에 다섯 상대(五對)가 있으니 하늘과 땅이 상대요, 해와 달이 상대요, 밝음과 어두움이 상대요, 음과 양이 상대요, 물과 불이 상대이니, 이것이 다섯 상대이다.

법상法相 모양을 딴 말에 열두 상대(十二對)가 있다. 말(語)·법法이 상대요, 유有·무無가 상대요, 유색有色·무색無色이 상대요, 유상有相·무상無相이 상대요, 유루有漏·무루無漏가 상대요, 범凡·성聖이 상대요, 승·속이 상대요, 노·소가 상대요, 대·소가 상대이다. 이것이 열두 상대이다.

자성에 작용을 일으키는 데 열아홉 상대(十九對)가 있다. 장·단이 상대요, 사邪·정正이 상대요, 치痴·혜慧가 상대요, 우遇·지智가 상대요, 난亂·정定이 상대요, 자慈·독毒이 상대요, 계戒·비非가 상대요, 직直·곡曲이 상대요, 번뇌·보리가 상대요, 상常·무상無常이 상대요, 비悲·해害가 상대요, 희喜·진瞋이 상대요, 사捨·취取가 상대요, 진·퇴가 상대요, 생·멸이 상대요, 법신法身·육신(色身)이 상대요, 화신·보신이 상대요, 실實·허虛가 상대요, 험난·평탄이 상대이니, 이것이 열아홉 상대이니라."

조사께서 또 말씀하셨습니다.

"이 36대법對法을 잘 쓸 것 같으면 도道가 일체 경법經法에 관통하고, 출입할 때 양 변을 떠나면 온전히 자성을 동용動用하리라. 또한 사람들과 더불어 이야기할 때 상相에서 상을 여의고, 안으로 공

空에서 공을 여의어라. 만약 상에 집착할 것 같으면 곧 사견邪見을 기르게 되고, 만약 공에 집착하면 즉 무명을 기르게 된다. 만약 어떤 사람이 너희들에게 뜻을 물을 때 유有를 물으면 무無로써 대하고 무를 물으면 유로써 대답하며, 범凡을 물으면 성聖으로 대답하고 성을 물으면 범으로써 대답하여 이도二道가 서로 인해서 중도中道가 성립된다. 한 번 물으면 한 번 대답하고 나머지 물음도 한결같게 이렇게만 하면 곧 이치를 잃지 않으리라.

가령 어떤 사람이 묻되 '어떤 것을 어두움이라 합니까?'라고 하면 '밝음은 인因이 되고 어두움은 연緣이 되어 밝음이 없어지면 곧 어두움이다'라고 대답하여, 밝음으로써 어두움을 나타내고 어두움으로써 밝음을 나타내서 오고감이 서로 원인이 되게 하여 중도의 진리를 이루게 해야 한다. 나머지 물음도 다 이와 같이 할 것이다. 너희들이 나중에 법을 전함에 있어서도 이렇게 하여 번갈아 서로 가르쳐 줌으로써 종지宗旨를 잃지 말 것이다."

혜능 선사께서는 분별의 상대법을 크게 36대법으로 말씀하셨으나 세분하여 보면 항하사와 같이 벌어집니다. 이와 같은 일체의 상대법은 서로 인因하여 있으므로, 있는 것도 아니고 없는 것도 아니기 때문에 오직 분별심을 일으키지 말아야 합니다. 분별 망념을 일으키지 않는 것이 어느 곳에도 머물지 않는 중도이고 무심·무념으로서, 무심·무념이 뜻과 같이 이루는 여의륜如意輪입니다.

나무대륜보살마하살 南無大輪菩薩摩訶薩

대륜보살의 대륜大輪은 큰 바퀴입니다. 큰 바퀴라 하여 작은 바퀴보다 뛰어난 것이 아니고 대승이 소승보다 더 훌륭한 것이 아닙니다. 작다, 크다 분별하지 않는 그 마음이 큰 바퀴이며 대륜보살입니다.

나무관자재보살마하살 南無觀自在菩薩摩訶薩

관자재보살의 관자재는 보는 것이 자유자재하여 조금도 걸림이 없고 막힘이 없다는 것입니다. 그러나 중생은 그 무엇을 보아도 있음과 없음, 크고 작음, 옳고 그름, 좋아함과 싫어함 등의 끝없는 분별심을 일으키어 망념 속에 스스로 자신을 가두어 버립니다.

견성성불見性成佛은 성품을 보아서 부처를 이루는 것으로 성품을 본다는 것은 성품이 곧 보는 것이고, 보는 것이 곧 성품이며, 성품을 곧 본다는 것입니다. 경에 이르기를, 중생과 부처, 마음 이 셋은 차별이 없다고 하였습니다. 중생·부처·마음이 서로 다르지 않아서, 보는 눈과 보이는 대상, 보는 생각도 서로 다르지 않고 차별도 없습니다. 그러나 이 도리를 깨닫지 못하면 보는 눈에 집착하고 보이는 대상에 집착하며 보는 생각에 집착하게 되어서 망념이 일어나지 않을 수 없습니다. 마음이 보고, 보는 것이 마음이며, 마음을 보는 이것이 견성성불이며, 나머지 5근도 이와 같습니다.

158

나무정취보살마하살 南無正趣菩薩摩訶薩

정취는 바른 마음으로 나아감을 말합니다. 우리가 삿된 분별 망념에서 벗어나 항상 바른 마음으로 나아가고자 한다면 행·주·좌·와(行住座臥: 행하고, 머물고, 앉고, 눕고), 어·묵·동·정(語默動靜: 말하고, 침묵하고, 움직이고, 고요함) 가운데서 화두·염불·기도가 일념이 되는 것이 바른 마음으로 나아가는 것이며, 이 바른 마음이 정취보살에게 귀의하는 것입니다.

나무만월보살마하살 南無滿月菩薩摩訶薩
나무수월보살마하살 南無水月菩薩摩訶薩

하늘에 떠 있는 달과 수많은 물줄기 위에 떠 있는 달, 만월과 수월은 마음과 그 마음의 작용을 나타낸 것입니다. 천강유수천강월千江有水千江月이라. 천 개의 강 위에 떠 있는 천 개의 달은 하늘에 떠 있는 달이며, 작은 물그릇이나 큰 호수 그 어느 곳에도 비출 곳이 있으면 달이 떠 있습니다. 물 위에 비친 달은 비록 헤어질 수 없이 많으나 달 그 자체는 오로지 하나이며, 물줄기도 그 근원은 여럿이지만 물이라는 본질에 있어서는 서로 아무런 차이도 없는 것과 같이 우주의 현상적인 모양은 수없이 많지만, 그 또한 마음이라는 본질에 있어서는 서로 다르지 않습니다.

해인삼매海印三昧라 함은, 어느 것이라도 가리지 않고 모두 다 품에 안고 있어서, 마치 수많은 시내와 강이 바다로 흘러들면 모두 바닷물이라고 불리는 것과 같으며, 또한 모든 맛을 포섭하여 한 맛을 이루며, 모든 하천의 물줄기를 포섭하여 바다를 이루니, 만일 어떤 사람이 큰 바다 가운데서 헤엄치며 논다면, 이는 바로 모든 하천의 물을 그가 유익하게 쓰고 있는 셈이 되는 것입니다.

이와 같이 하늘에 떠 있는 달과 물 위에 비친 달, 물줄기와 바다, 마음과 모든 현상적인 모양은 서로 차이가 없고 다르지 않으나, 만약 어느 한 곳에라도 집착하여 있다, 없다 하며 좋아하고 싫어하는 분별 망념을 일으킨다면 그 사람은 생사 고통의 바다에서 영원히 헤어나지 못할 것입니다.

나무군다리보살마하살 南無軍茶利菩薩摩訶薩

군다리는 감로병입니다. 이 감로병은 일체 중생이 지닌 마음·성품으로서, 감로병에는 감로수를 담듯이 마음에는 마음을 담는 것입니다. 이 마음인 감로수는 중생의 생사 고통의 근원인 모든 분별 망념을 치유할 수 있습니다.

당나라 때 정승 이고가 약산 선사를 찾아왔을 때, 선사는 그를 쳐다보지도 않고 경만 보고 있었습니다. 정승이 비꼬는 투로 말했습니다.

"얼굴을 보아하니 천리의 소문만 못하구나."

이에 선사가 정승을 불렀습니다.

"상공!"

정승이 대답하니 약산 선사가 말했습니다.

"그대는 어찌하여 귀는 소중히 여기고 눈은 소중히 여기지 않는가?"

이고 정승이 얼른 절하고 물었습니다.

"어떤 것이 도입니까?"

선사는 손가락으로 하늘을 가리키고 다시 물병을 가리키며 말하였습니다.

"구름은 하늘에 있고 물은 물병에 있도다."

하늘과 구름, 병과 병에 담긴 물, 가을 물과 가을 하늘, 은쟁반과 은쟁반에 담긴 눈은 모두 한 빛으로 다르지 않고, 모든 모양과 모양이 다르지 않으며, 마음과 모든 현상, 일체의 상대법이 서로 다르지 않습니다. 우리가 아무리 분별 망념을 일으켜도 마음에서 일어나니 분별 망념은 마음일 뿐입니다. 이렇듯 바르게 알면 망념이 감로수와 다르지 않다는 것을 깨닫게 됩니다. 이 깨달음이 군다리보살에게 귀의하는 것입니다.

나무십일면보살마하살 南無十一面菩薩摩訶薩

십일면보살의 열한 가지 얼굴 모습은 좋아하고 싫어하는 얼굴 모습, 기쁘고 슬픈 얼굴 모습, 화나고 즐거운 얼굴 모습, 칭찬하고 비난하는 얼굴 모습 등 무수한 분별심에 따라 바뀌는 우리의 얼굴 모습입니다. 사람들은 모든 것에 자기만의 기준을 세워 놓고 그 기준에 모든 것을 억지로 꿰어 맞추려 하고 있어서 그 기준에 맞으면 좋아하고 옳다고 하며, 그렇지 않을 때는 싫어하며 그르다고 합니다. 예를 들어 지구상에서 가장 아름다운 사람이 영화에 나오는 외계인 E.T의 나라에 갔다면 그곳의 기준으로는 가장 추한 인물이 될 것이니, 우리의 분별 기준이란 참으로 허망한 생각이 아닐 수 없습니다.

그래서 수많은 얼굴 모습은 오직 한마음일 뿐 다른 마음이 없다고 십일면보살은 고구정녕하게 말하고 있습니다.

나무제대보살마하살 南無諸大菩薩摩訶薩

제대보살은 개별적인 보살을 위시하여 티끌과 같은 모든 불보살에게 귀의하는 것으로, 우주의 일체 존재를 한마음으로 보는 것이 제대보살에게 귀의하는 것입니다.

나무본사아미타불 南無本師阿彌陀佛 (3번)

무량수불無量壽佛, 무량광불無量光佛인 아미타불은 우리의 마음입니다.

이 마음의 작용이 청정법신비로자나불, 원만보신노사나불, 천백억화신석가모니불의 3신三身으로 나타나는 것입니다. 아미타불의 아阿자는 화신을 의미하고, 미彌자는 보신을 의미하고, 타陀자는 법신을 의미하니, 법신·보신·화신의 삼신일불三身一佛인 아미타불이 바로 우리의 참 자아(眞我)요 본래면목인 마음입니다.

신묘장구대다라니

나모라 다나다라 야야
가장 거룩한 보호자(부처님 또는 삼보)께 귀의합니다.

나막알약 바로기제 새바라야 모지사다바야 마하사다바야
마하가로 니가야
대자대비하신 관세음보살님께 귀의합니다.

옴살바 바예수 다라나 가라야 다사명 나막 가리다바 이맘
알야 바로기제 새바라 다바
옴, 일체의 어려움 가운데서 구제해 주시는 거룩한 이, 관세음보
살님께 귀의하면 자유자재하신 가피력이 나타납니다.

니라간타
목 푸른 관세음보살님께 귀의합니다.

나막 하리나야 마발다 이사미
돌이켜 심수에 도달하겠습니다.

살발타 사다남 수반 아예염 살바 보다남 바바말야 미수다
감 다냐타
일체의 길상을 성취하고 깨끗이 하여 더 할 수 없는 최고의 경지
에 이르러서 일체 중생의 세간도를 맑고 깨끗하게 순화해 가겠습
니다.

옴 아로계 아로가 마지로가 지가란제 혜혜 하례
옴, 관찰하시는 자여, 지혜로써 관찰하시는 성자이시여, 관찰을 초
월한 성자이시여. 아, 태워주소서.

마하모지 사다바 사마라 사마라 하리나야
큰 보살이시여, 마음의 진언을 억념하옵소서. 억념하옵소서.

구로구로 갈마
작업을 시행하고 시행하옵소서.

사다야 사다야 도로도로 미연제 마하미연제 다라다라
성취한 자이시여, 보호해 주소서, 성리한 자이시여, 기억하여 주옵
소서.

다린 나례 새바라 자라자라
거두어 주시기를 마음대로 하시는 자이시여, 속히 일어나게 하여
주옵소서.

마라 미마라 아마라 몰졔 예혜혜
더러움을 없앤 깨끗한 자이시여, 속히 와 주소서.

로졔 새바라 라아 미사미 나사야
세상의 자재자이시여, 탐심의 독을 소멸케 하소서.

나베 사미사미 나사야
성냄의 독을 소멸하게 하여 주옵소서.

모하자라 미사미 나사야
동요하는 어리석음의 독을 소멸케 하여 주옵소서.

호로 호로 마라호로 하례
두렵고 두려운 번뇌를 제거하여 주옵소서.

바나마 나바 사라사라 시리시리 소로소로 못쟈못쟈 모다야
모다야
연꽃의 마음을 가지신 이여, 물 흐르듯 흘러내려 깨달음을 얻게
하옵소서.

매다라야 니라간타 가마사 날사남 바라 하라나야 마낙
어여삐 여기시는 청경관음이시여, 희망하는 것을 바라는 자에게
기쁨, 공경심을 내게 하는 분이시여!

사바하 싯다야 사바하
소원을 구경, 원만, 성취케 하옵소서.

마하싯다야 사바하

큰 소원을 구경에는 원만히 성취케 하옵소서.

싯다 유예 새바라야 사바하

신통을 성취하신 자재존自在尊이시여, 구경에는 원만히 성취케 하옵소서.

니라간타야 사바하

청경관음이시여, 구경에는 원만히 성취케 하옵소서.

바라하 목카 싱하 목카야 사바하

돼지 얼굴, 사자 얼굴을 한 관세음보살이시여, 구경에는 원만히 성취케 하옵소서.

바나마 하따야 사바하

연꽃을 가지신 관세음보살이시여, 구경에는 원만히 성취케 하옵소서.

자가라 욕다야 사바하

진리의 수레바퀴로 법다이 생활함을 구경에는 원만히 성취케 하옵소서.

상카 섭나녜 모다나야 사바하

법 소라로써 깨달음을 구경에는 원만히 성취케 하옵소서.

마하라 구타다라야 사바하

큰 감로수병을 가지신 관세음이시여, 구경에는 원만히 성취케 하옵소서.

바마사간타 니사 시쳬다 가릿나 이나야 사바하
오른 어깨 쪽을 지키는 검은 색의 거룩한 성존이시여, 구경에는
원만히 성취케 하옵소서.

먀가라 잘마 이바 사나야 사바하
호랑이 가죽으로 옷을 해 입으신 관음성존이시여, 구경에는 원만
히 성취케 하옵소서.

나모라 다나다라 야야 나막알야 바로기제 새바라야 사바하
(3번)
가장 거룩한 보호자님께 귀의합니다. 귀의하옵나니, 관자재보살
이시여, 구경에는 원만히 성취케 하옵소서.

신묘장구대다라니에서 '옴 살바 바예수 다라나 가라야'는 모든 어
려움을 구제해 주신다는 뜻입니다. 그리스도교에서는 예수를 구세
주라 하는데, 신묘장구대다라니에서는 '다라나'를 구제로 표현하고
있습니다. 예수께서 구세주인지 '다라나'가 구제인지는 중요하지 않
습니다. 그리스도는 우주의 의식意識으로 우주의 의식은 우리의 마
음입니다.

예수의 제자 베드로가 물었습니다.
"예수 그리스도시여! 만약 어떤 사람이 잘못을 저질렀을 때 일곱

번 용서하면 되겠습니까?"

예수께서 대답하였습니다.

"일곱 번씩 일곱 번도 더 용서하여라."

베드로의 생각은 어떤 잘못을 저지른 이에게 한 번, 두 번, 세 번을 지나 일곱 번까지 용서한다면 충분하지 않겠느냐는 것입니다. 그러나 예수는 7×7=49번도 더 용서하라고 하였습니다. 이는 잘못이란 것이 본래 없으니 용서라는 것도 없다는 뜻입니다.

예수께서는 원수를 사랑하라고 하였습니다. 원수는 사랑으로 인하여 있고 사랑은 원수로 인하여 있으며, 원수가 없으면 사랑이 없고, 사랑이 없으면 원수도 없습니다. 원수는 스스로 있을 수 없고 사랑으로 인하여 있으므로 원수는 있는 것도 아니고, 사랑은 원수로 인하여 있으므로 원수는 없는 것도 아닙니다. 사랑 또한 있는 것도 아니고 없는 것도 아니어서, 원수와 사랑은 서로 대립의 상대가 아니고 원융하게 통하여 있는 것입니다.

당시 이스라엘 백성들은 박해를 가한 로마를 원수로 생각하였으나, 예수의 참뜻은 이와 같이 원수와 사랑이 본래 있는 것이 아니라는 것을 말씀하신 것입니다.

어느 때 예수께서는 높은 성벽에 올라가 있었습니다. 그때 홀연히 두 뿔과 꼬리를 지닌 악마가 나타나 예수께 말하였습니다.

"그대가 하나님의 아들이라면 이 성벽에서 뛰어내려 보아라, 그러면 하나님이 그대를 받아 앉아서 무사하게 보호하지 않겠느냐?"

예수께서 말하였습니다.

"악마여! 내 주를 시험하지 말고 썩 물러가라."

이것은 악마 마음의 높고 낮은 마음의 분별 망념은 하나님의 지혜에 의지하지 않는다는 뜻입니다. 의심은 오직 의심일 뿐이며, 본래 있지 아니한 허깨비는 지혜의 실제를 알 수 없습니다.

악마는 뿔이 달리고 꼬리가 있고 모습이 흉측해서 악마인 것이 아니고, 우리의 분별심인 의심이 악마로 나타난 것입니다. 나에게 악마의 모습은 흉측하다는 생각과 의심의 망념이 없다면 그 어느 곳에 악마가 있을 수 있겠습니까?

예수께서 골고다의 언덕에서 십자가에 못이 박혀 숨이 다할 무렵 말했습니다.

"주여! 저들을 용서하소서. 저들은 저들의 잘못을 모르고 있나이다."

예수께서 말씀하신 저들은 당시 로마를 지칭한 것인가, 아니면 이스라엘 백성과 제자들을 가리키신 것인가? 로마의 군인들은 자기는 옳고 예수와 제자들은 그르다 하였고, 제자들과 백성들은 우리는 옳고 로마는 그르다고 하였을 것입니다. 그러나 옳고 그름이 없다는 진실을 예수께서는 말씀하신 것입니다. 십자가에서 흘리신 피는 예수의 뜻이며 우리의 참마음입니다. 이 참마음이 모든 사람의 분별 망념의 죄를 깨끗이 씻어주신 것입니다.

또한 예수께서는 삼일 후에 부활하시어 생과 사가 없음을 보여주셨습니다.

사방찬
四方讚

일쇄동방결도량 一灑東方潔道場
첫째동방 망어씻어 청정도량 이루었고

우리가 거짓말을 하는 것은 너와 나를 분별하여 내가 너에게 말을 한다고 착각하기 때문입니다. 마음이 말하고, 말하는 것이 마음이며, 마음을 말하는 것임을 깨닫게 되면 너와 내가 둘이 아니어서 거짓말을 할 수 없습니다. 망어가 없는 것이 청정한 도량입니다.

이쇄남방득청량 二灑南方得淸凉
둘째남방 열뇌씻어 끓는마음 시원하며

끓는 번뇌는 나다 너다, 있다 없다, 옳다 그르다, 좋다 싫다 하는 모든 대립의 분별심입니다. 번뇌 망념이 번뇌 망념이 아닌 참마음인

170

줄 알면 마음이 청량한 것입니다.

　삼쇄 서방구정토 三灑西方俱淨土
　셋째서방 탐심씻어 안락정토 이루었고

　중생의 욕심은 분별심이 그 근원입니다. 취하고 버리는 마음이 없
다면 탐심이 일어날 수 없습니다.
　구함이 없는 마음이 안락한 정토입니다.

　사쇄 북방영안강 四灑北方永安康
　넷째북방 애욕씻어 영원토록 평안하리

　미워하고 사랑하는 마음을 씻어내면 영원토록 평안한 부처입
니다.

도량찬

道場讚

도량청정무하예 道場清淨無瑕穢
온도량이 깨끗하여 더러운것 전혀없고

구할 것이 없는 마음이 도량입니다. 온 도량이 깨끗하여 더러운 것이 없다는 것은 더러운 것이 없으므로 도량이 깨끗하다는 뜻이 아닙니다. 깨끗함은 더러움이 있기 때문이며, 더러움은 깨끗함이 있기 때문이므로 깨끗함과 더러움을 취하고 버리는 구함이 없어야 합니다.

경에 이르시기를 "반야바라밀이 반야바라밀이 아니라 이름이 반야바라밀이다. 티끌이 티끌이 아니라 이름이 티끌이다" 하시며 항상 말씀 끝에 '이름하여 무엇이다'라고 하였습니다.

부처님의 말씀은 모두 중생을 교화하기 위하여 누런 나뭇잎을 돈이라 하여 어린아이의 울음을 그치게 하는 것입니다. 중생을 무명에서 벗어나게 하려고 반야바라밀을 설하신 것으로, 중생이 미혹하지 않다면 반야바라밀도 없는 것입니다. 일체법이 이와 같이 모두 방편이기 때문에 이름하여 일체법이고 반야바라밀이며 티끌인 것입니다. 그러나 지혜를 얻으려는 마음으로 반야바라밀에 집착한다면 반야바라밀에 떨어지게 되며, 이것은 미혹에 떨어지는 것입니다.

백장 선사는 "일체에 있음과 없음 등의 법과 있음과 없음의 견해가 없어서 낱낱이 삼구三句 밖을 벗어나면 여의보如意寶라고 한다. 무릇 가르치는 말이 모두 삼구와 서로 관련하니 초선·중선·후선이다. 처음에는 그 사람으로 하여금 곧 바로 선심善心을 내게 하고, 가운데서는 그 선심을 부수고, 마지막에는 비로소 좋은 선이 된다고 이름한다. '보살은 보살이 아니므로 이름하여 보살이다' 하며, '법은 법이 아니고 법 아님도 아니다' 함과 같이 모두 이러한 것이다"라고 하였습니다.

있음과 없음에서 벗어나지 못하는 것이 중생입니다. 있음은 없음으로 인하니 스스로 있을 수 없어서 있는 것도 아니고, 없음은 있음으로 인하여 스스로 없음이 아니 되니 없는 것도 아닙니다.

깨끗한 것이 깨끗한 것이 아니고 이름하여 깨끗함이며, 더러운 것이 더러운 것이 아니고 이름하여 더러움이니, 그 어느 곳에도 머물지 말아야 합니다.

삼아승지겁의 백천이나 되는 명호가 있는 것은 때와 장소에 따라 이름을 세우기 때문입니다. 대상에 따라 그 색이 변화하는 마니주摩

尼珠와 같이 파란색의 대상을 만나면 파랗게 되고 노란색의 대상을 만나면 노랗게 되지만, 그 본체에는 아무런 색도 띠고 있지 않습니다. 손가락은 스스로 자신을 만질 수 없고, 칼은 스스로 자신을 자를 수 없고, 촛불은 스스로 자신을 밝힐 수 없으며, 거울은 스스로 자신을 비추어 볼 수 없습니다.

예를 들어 눈이 책이라는 대상을 만났을 때, 눈은 스스로 어떤 색체도 없어 대상인 책이라는 명호를 붙여주며, 책이 눈이라는 대상을 만났을 때 책은 스스로 어떤 색체도 없어 대상인 눈이라는 명호를 붙여주며, 칼이 자르는 대상인 사과를 만났을 때 사과라는 명호를 붙여주며, 사과가 칼이라는 대상을 만났을 때 칼이라는 명호를 붙여주는 것과 같이, 그때그때의 때와 장소라는 조건을 따라 나타나는 대상에 각기 서로 다른 이름을 붙여주는 것입니다. 이 모든 이름은 마음의 다른 이름, 별칭인 것입니다. 이 마음은 허공과 나이가 같아서 설령 육도를 끊임없이 윤회하여 각양각색의 형체로 바뀌어 태어나도 그 마음만은 일찍이 생겨나지도 않았고 일찍이 멸하지도 않았습니다. 그러나 어리석은 중생은 자신의 마음을 알지 못하기 때문에 문득 미혹한 마음을 일으켜 갖가지 업을 지어 그 과보를 받으며, 본성을 잃은 채 속세의 풍류에만 집착하고 있는 것입니다. 그러나 사대四大로 이루어진 육신은 생기고 멸하지만 영각靈覺의 성품은 실제로 생기고 멸하지 않습니다.

우리의 미혹함과 무관하여 있음과 없음이 다르지 않고, 깨끗함과 더러움이 다르지 않으며, 눈과 책이 다르지 않고, 칼과 사과가 다르지 않아서 진리와 사상이 모두 한 명제로 통합되어 온통 하나가 되는 것이 생동의 회전입니다. 이렇듯 왕성한 생동의 회전이 바로 자연이고 생명이며 마음입니다.

삼보천룡강차지 三寶天龍降此地
삼보님과 천룡님네 이도량에 오시도다

불·법·승 삼보와 천룡팔부가 구함이 없는 도량이고, 청정한 도량이 삼보와 천룡팔부입니다.

아금지송묘진언 我今持誦妙眞言
제가이제 묘한진언 지니옵고 외우오니

신묘장구대다라니는 우리의 마음으로, 대다라니를 지니고 외워서 일념이 되면 일체법이 공하게 되지만 마음은 없는 것도 아닙니다. 없는 것도 아닌 것이 바로 묘하게 있는 묘유妙有이고, 있음(有) 또한 있는 것이 아니어서 있지 않음이 바로 있는 것이니, 이것이 참으로 공하면서 오묘하게 있는 진공묘유眞空妙有입니다. 그래서 묘한 진언이라 하였습니다.

원사자비밀가호 願賜慈悲密加護
자비감로 베푸시어 저희무리 살피소서

있음(有)과 없음(無)의 일체 분별 망념이 끊어진 것이 자비입니다.

망념이 끊어진 자리가 자비이기 때문에 은밀한 자비 밀가호密加護라 합니다.

참회게
懺 悔 偈

아석소조제악업 *我昔所造諸惡業*
아득히먼 옛날부터 제가지은 모든악업

금번 생애에 지은 죄업도 잊어버리는 우리로서는 시작도 없고 끝도 없이 아득히 먼 옛날부터 지은 죄업을 기억하기는 더욱 어렵습니다. 부처님께서는 우리가 과거 전생을 잊어버리는 기억력에 대해서 다음과 같이 말씀하셨습니다.

"태아가 자궁에 들어가는 데는 네 가지 조건이 있다. 세상의 형제들아! 아무것도 알지 못하고 자궁에 들어가서 거기서 아무것도 모르는 채 머물다가 아무것도 모르고 거기에서 나오는 것, 이것이 첫 번째다, 형제들아! 어머니의 자궁에 알고 들어가서 모르고 머물다가 모르고 거기에서 나오는 것, 이것이 두 번째다. 이 세상의 형제들아!

어머니의 자궁에 알고 들어가서 알고 머물다가 모르고 거기에서 나오는 것, 이것에 세 번째다. 이 세상의 형제들아! 어머니의 자궁에 알고 들어와서 알고 머물다가 알고 거기에서 나오는 것, 이것이 네 번째다."

이와 같이 아무것도 알지 못하고 자궁에 들어가서 거기서 아무것도 모르는 채 머물다가 아무것도 모르고 자궁에서 나오므로 과거 생을 알지 못하고, 그로 인해 앞으로 다가오는 업보도 모르기 때문에 미래의 생도 알 수 없는 것입니다. 과거와 미래를 알지 못하는 것은 무명심이 그 원인입니다.

그러나 이 마음을 깨달아 무명에서 벗어난 조사 스님들은 깨어 있을 때의 생각이나 화두를, 수면 상태의 꿈속이나 마치 죽음과도 같은 깊은 잠속에서도 그대로 기억하고, 완전하게 기억한 상태에서 잠에서 깨어나기 때문에, 잠을 자는 상태나 깨어 있는 상태가 다르지 않고 살아 있을 때의 현재와 죽었을 때의 사후와 과거·현재·미래가 다르지 않음을 알아, 이 모든 현상과 죄업이 분별심에 바탕을 둔 단순한 그림자라는 사실을 명확히 알고 있습니다. 아득히 먼 옛날부터 지은 모든 악업은 실제로 있는 것이 아닙니다.

개유무시탐진치 皆由無始貪瞋癡
크고작은 그것모두 탐진치로 생기었고

무명심인 분별 망념이 탐하는 마음, 화내는 마음, 어리석은 마음

178

이고 탐심, 진심, 치심이 무명심인 분별 망념입니다.

종신구의지소생 從身口意之所生
몸과입과 뜻을따라 무명으로 지었기에

모든 고통과 죄업의 근원이 되는 무명無明은 무엇인가?

일체 중생이 본래 부처이고 본래 청정하며 만 가지 덕을 갖추어 스스로 구족하건마는, 어째서 미혹한 마음을 일으키어 중생에서 벗어나지 못하고 더러움이 있으며, 스스로 구족하지 못하고 구하고 얻으려는 망념이 일어나며, 생사 고통의 바다에 빠져 있는 것인가?

달마 조사는 "청정한 마음인 신여와 더러운 마음인 무명은 본래부터 함께 존재하며, 비록 인연에 의해 어울릴지언정 서로 생기게 하지는 못한다"고 하였습니다.

진여는 무명으로 인하여 있고 무명은 진여로 인하여 있으므로 자연히 함께 있으며, 서로 대상이라는 인연으로 어울리는 것이며, 진여로 인하여 무명이 있을 뿐이므로 진여가 무명을 생기게 하고 무명이 진여를 생기게 하는 것이 아닙니다. 진여와 무명은 있는 것도 아니고 없는 것도 아니며, 진여와 무명은 생기는 것도 아니고 생기지 않는 것도 아니어서 둘이 아닌(不二) 것입니다.

그러므로 부처와 중생이 둘이 아니고, 깨끗함과 더러움이 둘이 아니며, 구족과 비구족이 둘이 아니고, 분별 망념과 깨달음이 둘이 아니며, 생과 사가 둘이 아니고, 존재와 비존재가 둘이 아니고 일체가 한마음입니다.

한 생각 일어나면 만 가지 망념이 일어나고, 한 생각 사라지면 만 가지 망념이 사라진다고 하였습니다. 중생이라는 생각이 일어나면 부처라는 생각이 일어나고, 깨끗하다는 생각이 일어나면 더럽다는 생각이 일어나는 것입니다. 다시 말해 중생이라는 생각, 부처라는 생각, 깨끗하다는 생각, 더럽다는 생각이 바로 무명입니다. 이 무명에 대해 비유를 들어 말한다면, 본래 눈이 멀어서 어두움 자체를 모르는 장님에게 밝음을 가르쳐 주어도 알 수가 없습니다. 눈이 먼 사람이 눈을 떠 보아야 어둠과 밝음을 아는 것과 같은 것입니다. 그러나 어두움을 떠나 밝음이 따로 있는 것이 아니고 눈을 감으면 어두움이며 눈을 뜨면 밝음이 되는 것과 같이, 미혹을 떠나 따로 깨달음이 없고 중생을 떠나 따로 부처가 있는 것이 아닙니다. 마치 손을 쥐면 주먹이 되고 이를 다시 펴면 손이 되는 것과 같은 것으로 일체가 한마음일 뿐입니다.

배휴 재상이 황벽 선사께 물었습니다.

"지금 바로 망념이 일어날 때 부처는 어느 곳에 있습니까?"

"네가 지금 망념이 일어난 것을 깨달았을 때에 그 깨달음이 바로 부처님이다. 그런 가운데 망념이 없다면 부처 또한 없느니라. 무엇 때문에 그러한가? 네가 마음을 일으켜 부처의 견해를 지어서 문득 이룰 만한 부처가 있다고 하며, 중생의 견해를 지어서 제도할 중생이 있다고 하는데, 마음을 일으키고 생각을 움직이는 것이 모조리 너의 견해가 작용하는 곳이기 때문이니라. 만약 일체의 견해가 없다면 부처는 어느 곳에 있겠느냐? 마치 문수가 부처라는 견해를 일으

180

키자마자 바로 두 철위산 지옥에 떨어진 경우와 같은 것이다."

"이제 바로 깨달았을 때 부처는 어느 곳에 있습니까?"

"물음은 어느 곳으로부터 왔으며, 깨달음은 무엇으로부터 일어났느냐? 일상의 어묵동정 간에 모든 소리와 빛깔이 모두 불사佛事 아님이 없거늘 어느 곳에서 부처를 찾겠느냐? 머리 위에 머리를 얹지 말며, 부리 위에 부리를 더하지 말라. 그저 다른 견해만 내지 않으면 산은 산이고 물은 물이요, 승僧은 승이고 속俗은 속일 뿐이니라. 산하대지와 일월성신이 모두 너의 마음을 벗어나지 않으며, 삼천대천세계가 모두 너의 본래면목인 것이다. 그런데 어느 곳에 허다한 일들이 있겠느냐? 마음 밖에 법이 없으니 눈 가득히 푸른 산이니라. 허공 세계가 밝고 깨끗하여 한 터럭만큼도 너에게 견해를 짓게 하지 않는다. 그러므로 모든 소리와 빛깔이 그대로 부처님 지혜의 눈이니라."

지금 바로 망념이 일어난 것을 깨달았을 때에 그 깨달음이 바로 부처라는 것은, 망념을 깨닫는 것이 무념·무심이기 때문입니다. 무념이란! 삿된 생각이 없는 것이지, 바른 생각이 없다는 것이 아닙니다. 삿된 생각이란 있음과 없음, 선과 악, 취함과 버림, 좋아함과 싫어함 등을 생각하는 것이 삿된 생각이고, 있음과 없음, 선과 악, 취함과 버림, 좋아함과 싫어함 등을 생각하지 않는 것이 바른 생각입니다. 그러나 삿된 생각, 바른 생각이다 하여 삿된 생각과 바른 생각이 따로 있는 것이 아닙니다. 생각이 있으면 삿된 생각이고 생각이 없으면 바른 생각으로, 있고 없는 것이 생각이기 때문입니다.

"이제 바로 깨달았을 때에 부처는 어느 곳에 있습니까?"

일체의 소리와 빛깔이 부처님의 지혜이고 마음인데, 모양에 집착하고 이름에 집착하여 모든 것에 집착하므로 본래 둘이 아닌 것이 둘로 나누어지며, 둘로 나누어진 것은 불완전한 것이 되어서 그만 허물어지는 것입니다. 참되게 완전하다면 허물어질 수가 없습니다. 불완전한 것이란, 자신은 스스로 있을 수 없어서 대상에 의존하여 있으며, 스스로 자신을 밝힐 수 없어서 다만 대상을 밝히는 것으로서 삿된 마음, 분별 망념인 것입니다. 화두·염불·기도가 일념이 되는 것이 무념·무심으로, 이것이 깨달음입니다.

일체아금개참회 一切我今皆懺悔
저는 지금 진심으로 참회하고 비웁니다

진심으로의 참회는 다시는 참회하지 않는 것입니다.

마조 선사는 말했습니다. "미혹할 때에는 지식知識이지만 깨닫고 나면 지혜라 한다. 깨달은 이는 진리를 좇고 미혹한 이는 사상事像을 좇는다. 미혹이란 본심을 잃은 때를 말하며, 깨쳤다는 것은 본심을 다시 찾았을 때를 말한다. 한 번 깨닫게 되면 그 깨달음은 영원하며 두 번 다시 미혹에 빠지지 않는다. 해가 떠오르면 그 빛이 어둠과 함께 하지 않듯이 지혜의 해가 떠오르면 그 빛은 번뇌의 그림자와 함께 하지 않는다. 마음과 대상을 다 깨닫고 나면 망념은 이제 생기지 않는다. 망념이 생기지 않는 것, 이것이 곧 무생법인無生法忍이다."

눈을 떠 보아야 어둠과 밝음을 알 수 있듯이 눈을 뜨지 못하면 어두움도 밝음도 알 수 없습니다. 한 번 깨닫게 되면 어두움과 밝음을 알게 되므로 다시 어두움에 빠지지 않습니다. 이렇듯 다시 죄를 짓지 않게 되는 것이 다시 참회하지 않는 것으로, 이것이 참된 참회이고 지혜이며 깨달음입니다.

참제업장십이존불
懺除業障十二尊佛

열두 분의 부처님은 우리의 마음이며 모든 죄업도 마음이므로, 부처
와 죄가 따로 있지 않습니다. 마음이 미혹하면 죄가 되고 마음을 깨
달으면 부처입니다. 미혹과 죄는 스스로 있을 수 없고 깨달음과 부
처로 인해 있으므로 '있는 것'이 아니고, 깨달음과 부처는 미혹과 죄
때문에 있으므로 미혹과 죄는 '없는 것'도 아닙니다. 깨달음과 부처
또한 '있는 것도 아니고 없는 것'도 아닙니다. 따라서 지금 마음이
있다는 것은 망념이 있다는 것으로 이 마음은 삿된 마음입니다. 지
금 바로 부처라는 생각을 하거나 나를 생각할 때에, 부처도 나도 있
는 것이 아니고 없는 것도 아니므로 이 생각은 바른 생각이 아닙니
다. 지금 부처라는 생각도 나라는 생각도 하지 않는 것이 바른 생각
이고 참된 부처이며 참된 나입니다. 삿된 생각을 하지 않는 것이 참
으로 공한 진공眞空이고, 삿된 생각이 없는 진공이 바른 생각으로 묘
하게 있는 묘유妙有의 참된 부처, 참된 나입니다.

184

나무참제업장보승장불 南無懺除業障寶勝藏佛

중생의 모든 죄업을 소멸하는 것이

참제업장보승장불께 귀의하는 것입니다.

보광왕화렴조불 寶光王火簾照佛

지혜의 빛이 비추면 죄업의 어두움은 모두 소멸됩니다.

일체향화자재력왕불 一切香華自在力王佛

자비와 진리의 향기는 모든 탐욕을 소멸시킵니다.

백억항하사결정불 百億恒河沙決定佛

모래알처럼 많은 중생들의 죄업이 소멸되는 것이

백억항하사결정불입니다.

진위덕불 振威德佛

진위덕불의 위덕은 모든 죄업과 같이하지 않습니다.

금강견강소복괴산불 金剛堅强消伏壞散佛

금강과 같은 참마음 앞에서 모든 죄업은

부서지고 흩어져 버립니다.

보광월전묘음존왕불 寶光月殿妙音尊王佛

달빛이 널리 비추듯이 이 마음의 묘음은

모든 중생에게 전달되어 죄업에서 벗어나게 됩니다.

환희장마니보적불 歡喜藏摩尼寶積佛

참마음인 마니보주는 슬픔이 없는 우리의 참된 기쁨입니다.

무진향승왕불 無盡香勝王佛
다함이 없는 자비의 향기는 중생의 생사 고통을 소멸시킵니다.

사자월불 獅子月佛
사자처럼 우뚝하고 널리 비추는 지혜의 달빛은
우리의 마음입니다.

환희장엄주왕불 歡喜莊嚴珠王佛
이 마음 그대로가 환희장엄주왕불입니다.

제보당마니승광불 帝寶幢摩尼勝光佛
지혜와 죄업은 이 마음의 방편입니다.

십악참회 十惡懺悔
살생중죄 금일참회 殺生重罪 今日懺悔
살생한죄 오늘이제 참회하고 비옵니다.

투도중죄 금일참회 偸盜重罪 今日懺悔
도적한죄 오늘이제 참회하고 비옵니다.

사음중죄 금일참회 邪淫重罪 今日懺悔
사음한죄 오늘이제 참회하고 비옵니다.

망어중죄 금일참회 妄語重罪 今日懺悔
거짓말한 죄업오늘 참회하고 비옵니다.

기어중죄 금일참회 綺語重罪 今日懺悔

발림말한 죄업오늘 참회하고 비옵니다.

양설중죄 금일참회 兩舌重罪 今日懺悔
이간질한 죄업오늘 참회하고 비옵니다.

악구중죄 금일참회 惡口重罪 今日懺悔
나쁜말한 죄업오늘 참회하고 비옵니다.

탐애중죄 금일참회 貪愛重罪 今日懺悔
탐애한죄 오늘이제 참회하고 비옵니다.

진에중죄 금일참회 瞋恚重罪 今日懺悔
성낸죄업 오늘이제 참회하고 비옵니다.

치암중죄 금일참회 痴暗重罪 今日懺悔
우치한죄 오늘이제 참회하고 비옵니다.

살생·투도·사음은 몸으로 짓는 죄이고, 망어·기어·양설·악구는 입으로 짓는 죄이며, 탐애·진예·치암은 뜻으로 짓는 죄입니다. 이같이 열 가지 죄를 십악이라 합니다. 십선은 방생, 선행, 정조, 정어, 옳은 말, 화합어, 애어, 보시, 환희심, 지혜로 나눌 수 있습니다. 이에 대해서 6조 혜능 선사는 선과 악 모두를 분별하지 말라 하였습니다. 이것은 십악을 행하지 않으면 십선이 없고, 십선을 행하지 않으면 십악도 없기 때문입니다. 악은 스스로 있을 수 없고 선으로 인하여 있기 때문에 있는 것도 아니며, 지금 바로 악을 행할 때에 이 악은 선으로 인하여 있기 때문에 선은 없는 것도 아닙니다. 있는 것도 아니고 없는 것도 아닌 것이 중도이고 무념입니다.

6조께서 도명 상좌에게 "선도 악도 생각하지 말라. 이러할 때 부모가 낳기 이전 명 상좌의 본래면목을 나에게 가져와 보아라" 하시자, 이 말을 듣고 도명 성좌가 곧바로 묵연히 계합하고 깨달아 문득 절하며 말하기를 "마치 물을 마셔보고 차고 더움을 스스로 아는 것과 같사옵니다" 하자, 6조께서 "그렇도다" 하시고, "이것이, 조사가 서쪽에서 오시어 사람의 마음을 바로 가르쳐 성품을 보아 부처를 이루게 하심이 언설에 있지 않음을 알 것이다"라고 하였습니다.

마치 물을 마셔보고 차고 더움을 스스로 아는 것과 같다 함은, 중생은 차가움에 머물 때에는 차가움만 생각하여 더움이 없고, 더움에 머물 때에는 더움만 생각하여 차가움이 없어서 차가움과 더움이 따로 있다고 믿고 있습니다. 그러나 차가움과 더움에 머물지 않고 선도 악도 생각하지 않는 무념이 되는 것이 깨달음을 얻은 때로, 이는 마치 물을 마셔보는 것과 같아서, 비로소 차고 더움과 선과 악이 둘이 아님을 알 수 있다는 것입니다. 또한 무념이 되는 것은 말과 문자로 표현할 수 없기 때문에 '조사가 서쪽에서 오시어 사람의 마음을 바로 가르쳐 성품을 보아 부처를 이루게 하심이 언설에 있지 않음을 알 것이다' 하신 것입니다.

대주 선사는 깨달음의 문, 돈오문頓悟門의 종취宗趣를 무념으로 삼고, 분별 망념이 일어나지 않음을 참뜻으로 삼으며, 청정을 본체로 삼고, 지혜로써 작용을 삼는다고 하였습니다.

백겁적집죄 百劫積集罪
백겁천겁 쌓인죄업
일념돈탕진 一念頓蕩盡
한생각에 없어져서

  백겁, 천겁 시작도 없고 끝도 없이 쌓인 죄업은 있다 없다, 좋다 싫다 하는 모든 분별심 때문입니다. 한 생각 분별하지 않으면 중생이 부처이고 부처가 중생이며, 망념이 지혜이고 지혜가 망념이 되어 한 생각에 모두 없어져 버립니다.

여화분고초 如火焚枯草
마른풀을 불태우듯
멸진무유여 滅盡無有餘
남김없이 멸하이다.

  지구가 속해 있는 우리 은하계는 약 2,000억 개의 별이 있으며, 우주에는 우리 은하계를 포함하여 현재까지 관측된 상태에서 볼 때 약 1,700개의 은하계가 있다고 합니다. 이와 같이 광대한 우주는 153억 년 전에 하나의 티끌이 빅뱅으로 생긴 것이라고 과학은 말하고 있습니다. 그렇다면 이 하나의 티끌은 무엇이며, 어디서 온 것인가? 한 생각 분별 망념의 티끌이 일어나면 만법의 우주가 일어나며, 한 생각 분별 망념의 티끌이 멸하면 만법의 우주가 멸합니다.
  한 생각 분별 망념의 티끌이란 무엇인가?

힉스가 질량을 부여하여 쿼크를 생기게 했고, 쿼크가 질량을 부여하여 원자를 만들었으며, 원자가 질량을 부여하여 원소를 이루었다는 생각이 분별 망념의 티끌인 것입니다.

칼은 스스로 자신을 자르지 못하고 대상을 자르며, 눈은 스스로 자신을 보지 못하여 대상을 보며, 촛불은 스스로 자신을 밝히지 못하고 대상을 밝힙니다. 칼은 스스로 있지 못하고 대상으로 인하여 있으며, 눈은 스스로 있지 못하고 대상으로 인하여 있으며, 촛불도 스스로 있지 못하고 대상으로 인하여 있습니다. 따라서 힉스가 질량을 부여하여 쿼크를 생기게 한 것이 아니고, 힉스는 스스로 있지 못하고 쿼크로 인하여 있으며, 쿼크도 스스로 있지 못하고 힉스로 인하여 있으며, 쿼크가 질량을 부여하여 원자가 생긴 것이 아니고 쿼크는 스스로 있지 못하고 원자로 인하여 있으며, 원자도 스스로 있지 못하고 쿼크로 인하여 있으며, 원소와 세포, 물, 불, 흙, 바람도 스스로 있지 못하고 서로 인하여 있습니다. 일체는 있는 것도 아니고 없는 것도 아닌 오직 한마음뿐입니다.

지구라는 이 땅 위에 있는 작은 풀잎 하나, 꿈틀거리는 벌레, 산·강·바다, 크고 작은 조형물 등 존재하는 모든 것은 땅을 의지하고 있습니다. 모든 존재가 땅을 의지한다는 것은 땅도 모든 존재에 의지하는 것으로 땅과 존재가 다르지 않은 것입니다. 지구를 비롯한 우주의 수많은 별들은 모두 허공에 건립되어 허공에 의지하고 있으며, 허공도 또한 별들에게 의지하고 있어서 허공과 별들은 스스로 홀로 있을 수 없으므로, 허공과 별들은 서로 다르지 않고 둘이 아닙니다.

그러나 어리석은 중생은 이와 같이 바로 보지 못하기 때문에, 모든 존재가 홀로 독립되어 있다는 착오에 들어 스스로 서로를 대립시켜 불융통, 부조합, 부작용의 고통을 이끌어 내어 스스로 생사에 빠져드는 것입니다.

우리의 분별 망념의 어리석음에 속하지 않는 진실은 서로 대립하지 않고 융통 화합하며 참된 조합, 참된 작용으로 왕성하게 생동하는 것입니다.

한 생각 분별 망념의 티끌이 백겁천겁 쌓여서 우주의 크기와 같은 마른 풀은, 한 생각 분별 망념이 멸하면 찰나 간에 남김없이 타서 멸할 것입니다.

죄무자성종심기 罪無自性從心起
죄는본래 자성없어 마음따라 일어나니

죄에는 본래 성품이 없습니다. 죄는 있다 없다 하는 분별 망념으로 인한 것이니, 허깨비 같은 망념에 따라 허깨비가 일어납니다.

심약멸시죄역망 心若滅時罪亦亡
만약마음 없어지면 죄업또한 없어지리.
(허깨비 같은 망념이 없어지면 허깨비 같은 죄업 또한 없어집니다.)

죄망심멸양구공 罪亡心滅兩俱空
마음과죄 멸하여서 모두함께 공하면은

시즉명위진참회 是則名爲眞懺悔

이를일러 이름하여 진참회라 하느니라.

승찬 스님이 출가하기 이전에 혜가 선사를 찾았습니다.

"저의 육신은 문둥병으로 고통을 받고 있습니다. 스님! 제발 저를 위해서 참회의 기도를 해주십시오."

혜가 선사가 말했습니다.

"너의 죄를 이리 가지고 오면 그때 너를 위해서 참회의 기도를 해주마."

거사居士가 말했습니다.

"죄를 찾으려 해도 보이지 않습니다."

선사가 말했습니다.

"이미 참회의 기도를 다 마치었다! 그러니 너는 지금 불법승佛法僧 삼보三寶에 귀의하는 것이 어떠냐?"

거사가 물었습니다.

"스님을 뵙는 것만으로도 승보가 무엇인지는 곧 알겠습니다마는, 무엇을 불보라 하고 무엇을 법보라 하는지는 잘 모르겠습니다."

혜가 선사가 말했습니다.

"이 마음이 바로 불보이고 이 마음이 바로 법보이니, 불보와 법보는 본래 둘이 아니라는 사실을 너는 알아야 한다."

거사가 말했습니다.

"이제야 죄성罪性은 안과 밖, 그리고 중간 그 어디에도 없는 것이라는 사실을 비로소 알았습니다. 마음이 늘 하나이듯, 부처와 법도 결코 다르지 않습니다."

혜가 선사는 그가 법기法器임을 알아차리고 머리를 깎아주면서 말했습니다.

"네가 이제 승보僧寶가 되었으니 승찬僧璨이라는 이름이 어울리겠구나."

죄는 있는 것도 아니고 없는 것도 아니니 찾을 수 없습니다. 죄를 찾는다는 것은 분별 망념을 찾는 것으로, 분별 망념 또한 찾을 수 없으니 이제 참회의 기도를 다 마친 것입니다.

참회진언 懺悔眞言
옴 살바 못자모지 사다야 사바하 (3번)

이 마음을 깨닫지 못하면 한 생각 그대로 분별의 죄업이 되어 참회로 이어집니다. 그러나 반복되는 참회를 두려워할 필요는 없습니다. 중생이 있으므로 부처가 있고, 미혹이 있으므로 깨달음이 있고, 죄가 있으므로 참회가 있습니다. 지금 중생이라는 생각을 깨달았을 때에 그 깨달음이 부처이고, 지금 미혹을 깨달았을 때에 그 깨달음이 부처이며, 지금 죄를 참회할 때에 그 참회가 부처이기 때문입니다.

그 참회가 부처다 함은, 미혹하기 때문에 깨달음이 있으며, 미혹하지 않으면 깨달음도 없는 것으로, 참회하기 때문에 부처가 있는 것입니다. 깨달음이란 다른 것을 깨닫는 것이 아니고 미혹을 깨닫기 때문에 미혹과 깨달음, 참회와 부처가 다르지 않는 것입니다.

『유마경』에 이르기를 "이때에 큰 가섭이 말하기를 '문수보살께서 진실로 말씀하신 바와 같이 모든 번뇌는 여래의 종자가 되지만 우리들은 다시 아뇩다라삼먁삼보리 마음을 낼 수 없으며, 또한 5무간죄 無間罪를 짓고서도 발심하여 불법 중에 다시 날 수 있는데, 그러나 우리들은 아주 발심할 수 없는 것이 마치 6근이 망가진 사람은 5욕에 대하여 아무런 이익도 없는 것과 같아서, 모든 번뇌를 잃어버린 성문聲聞들은 불법에 다시 이익됨이 없어서 마음에 지원志願하지도 않습니다. 문수보살이시여! 그러므로 범부는 불법으로 다시 돌아갈 수 있지만 성문은 그렇지 않습니다. 그 이유는, 범부는 불법을 듣고는 곧 무상無上의 도심道心을 일으켜 삼보三寶를 여의지 않기 때문입니다. 그러나 성문들은 몸이 다하도록 불법의 열 가지 능력과 네 가지 두려워하지 않는 지혜에 대하여 말해 주어도 보리 마음을 내지 못합니다'라고 하였다."

이러한 까닭에 중생은 능히 부처님의 은혜에 보답하지만 성문은 보답하지 못한다 하였으며, 참회의 반복심은 보은심을 말하는 것입니다.

성문은 보리, 열반이 있다는 설법을 듣고 생함이 있음을 보고 없어짐으로 나아가는 수행을 하여 깨달음을 얻으려는 경계입니다. 번뇌가 생기는 것을 보고 번뇌를 없애는데, 본래 마음에는 끊을 번뇌도 없다는 것을 성문은 알지 못하므로 번뇌를 끊으려는 수행에 의지해 깨달음을 얻으려 합니다. 그리하여 공허空虛한 적정처寂靜處에 머물러 깨달음 얻었다고 해도, 다시 미혹에 빠지게 된다고 하였습니다. 그러므로 번뇌 망념에도 머물지 말고 깨달음에도 머물지 말아야 합니다.

「법성게」에 "초발심시변정각初發心時便正覺"이라 하였습니다. 처음 발심한 때가 깨달음을 이룬 때라는 말인데, 처음 발심한 때란 망념이 일어난 것을 깨달았을 때를 말하며, 그 깨달음이 부처인데, 비록 망념이 다시 일어날지라도 마음은 조금도 변하지 않으며 그 망념과 깨달음이 다르지 않은 한마음이라는 뜻입니다.

『금강경』에 이르기를 "과거의 마음도 얻을 수 없고, 현재의 마음도 얻을 수 없으며, 미래의 마음도 얻을 수 없다"라고 하였습니다. 과거의 마음을 얻을 수 없다는 것은, 앞생각의 망령된 마음은 이미 지나간 것이니 헤아리고 찾지 않으면 없는 것이고, 현재의 마음도 얻을 수 없다는 것은, 참된 마음은 그 모양이 없으므로 지금 좋아하고 싫어하는 마음이 없다면 현재의 마음도 얻을 수 없으며, 미래의 마음도 얻을 수 없다는 것은, 본래 한 법도 얻을 것이 없어서 구하고 얻으려는 마음이 없다면 미래의 마음도 얻을 수 없습니다.

아침에 일어나 부지런히 움직인 마음도 이 마음이고, 지금 책을 보고 있는 마음도 이 마음이며, 10년 전에 마음도 이 마음이고, 100년 후에 마음도 이 마음입니다. 이 마음은 구할 수 없고 얻을 수도 없습니다. 만약 구하고 얻을 수 있다면 그것은 망념으로 구하고 얻을 수 없는 마음이 참회입니다.

준제찬
准 提 讚

준제공덕취 准提功德聚
준제주의 큰공덕을
적정심상송 寂靜心常誦
일념으로 늘외우면

준제주의 준제는 청정淸淨을 뜻하며, 준제의 청정은 깨끗함과 더러움이 대립하는 청정이 아니고 깨끗함과 더러움이 없고, 깨끗함과 더러움이 없는 것도 아닌 것으로, 깨끗하고 더럽다는 생각도 하지 않아서 분별을 여읜 우리의 마음입니다.

일체제대난 一切諸大難
그어떠한 어려움도

무능침시인 無能侵是人
그를침노 못하리니

청정한 마음의 공덕에는 그 어떠한 어려움과 두려움도 있을 수 없습니다.

천상급인간 天上及人間
하늘이나 천상이나
수복여불등 受福如佛等
부처처럼 복받으며

하늘과 사람, 일체 중생이 청정이 되어 분별 망념에서 벗어나면 부처와 다르지 않으므로 부처처럼 복을 받는 것입니다.

우차여의주 遇此如意珠
이여의주 얻는이는
정획무등등 定獲無等等
가장큰법 이루리라

우리들의 청정한 마음을 여의주 또는 마니주摩尼珠로 비유합니다. 맑은 거울이 비록 모양은 없으나 일체 모양을 비추고 볼 수 있는 것은 맑은 거울이 때가 없는 무심이기 때문이니, 만약 거울에 티끌의 때가 있다면 일체 만물을 그대로 맑게 비추지 못합니다. 분별 망념이 없는 청정한 마음인 마니주는 파란색의 대상을 만나면 파랗게 되고 노란색의 대상을 만나면 노랗게 되지만, 그 본체에는 아무런 색도 띄지 않습니다.

마음은 자체만으로는 아무런 의미가 없고 대상과 더불어 비로소 그 의미를 갖게 되며, 대상 또한 대상 자체만으로는 대상일 수 없으며 마음과 관계 지어질 때에만 대상일 수 있는 것입니다. 맑은 거울이 비춘 대상이고 비춘 대상이 맑은 거울로, 거울과 대상이 둘이 아니고, 마음이 대상이고 대상이 마음으로 둘이 아니고 서로 다르지 않으며, 체가 용이고 용이 체이며, 체와 용이 둘이 아니고 서로 다르지 않습니다.

영가 선사는 『증도가』에서 "사람들은 마니주를 알지 못하는데 여래장 안에서만 몸소 얻어 갖는 것이다" 하였으며, 대주 선사는 "확연한 견성見性은 마니주가 색을 발하는 것과 같다"고 하였습니다. 이 여의주 얻는 이는 가장 큰 법, 위없는 깨달음을 얻을 것입니다.

나무칠구지불모대준제보살 南無七俱胝佛母大准提菩薩 (3번)

칠구지는 7억의 부처님을 말합니다. 7억 부처님의 어머니 불모대준제보살은 우리의 청정한 마음이니, 7억의 부처님이 불모대준제보살이고, 불모대준제보살이 7억의 부처님으로 서로 다르지 않음을 바르게 아는 것이 칠구지불모대준제보살에게 귀의하는 것입니다.

정법계진언 淨法界眞言

옴 남 (3번)

법계는 우주를 말하며 우주는 우리의 마음을 말하는데, '정법계'는 우주를, 우리의 마음을 깨끗하게 한다는 뜻입니다. 눈·귀·코·혀·몸, 뜻의 6근과 물질, 소리, 향기, 맛, 촉감, 법의 6진, 눈의 작용과 그 경계를 나타내는 안식계를 비롯하여 이식계, 비식계, 설식계, 신식계, 의식계의 6계를 포함한 18계를 법 또는 법계라고 합니다.

그렇다면 어떻게 하는 것이 법계를 깨끗하게 하는 것일까? 일체의 법계는 있는 것도 아니고 없는 것도 아니어서 깨끗함과 더러움에 속하지 않습니다. 깨끗함과 더러움을 생각하지 않는 것이 법계·우주·마음을 깨끗하게 하는 것입니다.

『반야심경』에서 "관자재보살이 깊은 반야바라밀다를 행할 때 다섯 가지 쌓임이 모두 공한 것을 비추어 보고 온갖 괴로움과 재앙을 건넜다"고 하였습니다. 다섯 가지 쌓임인 5온(五蘊 색, 수, 상, 행, 식)이 모두 공한 것을 비추어 보았다 함은 5온이 본래 있는 것도 아니고 없는 것도 아닌 것을 알았기 때문에 온갖 괴로움과 재앙을 건널 수 있었다는 것입니다.

"사리자여, 물질이 공과 다르지 않고 공이 물질과 다르지 않아 물질이 곧 공이요 공이 곧 물질이니, 받음과 생각과 의지작용과 의식도 또한 그러하니라."

'물질이 공과 다르지 않고 공이 물질과 다르지 않아 물질이 곧 공이요 공이 곧 물질이다' 하는 즉색즉공卽色卽空은, 마음에 분별 망념이 있는 것이 색(물질)이고 마음에 망념이 없는 것이 공인데, 지금 공이라고 하는 것은 물질의 성품이 공한 것을 말하되, 물질이 없다 하는 망념이 공할 뿐이지 물질이 없어져서 공한 것이 아니므로 없는 것도 아니요, 지금 물질이라고 하는 것은 공의 성품이 물질이라는 것을 말하되, 물질이 있다 하는 망념이 물질일 뿐이지 물질이 능히 물질이 아니므로 있는 것도 아닙니다. 물질은 있는 것도 아닌 진공 이고, 공은 없는 것도 아닌 묘유입니다. 수, 상, 행, 식 또한 '있는 것 도 아니고 없는 것도' 아닙니다.

"사리자여, 이 모든 법의 공한 모양은 나지도 않고 없어지지도 않 으며 더럽지도 않고 깨끗하지도 않으며 늘지도 않고 줄지도 않느 니라."

모든 법의 공한 모양은 있는 것도 아니고 없는 것도 아니기 때문 에 삿된 마음은 있는 것이 아니므로 나지 않고, 바른 마음은 없는 것 이 아니므로 없어지지 않는 불생불멸이며, 더럽고 깨끗하며 늘어나 고 줄어드는 것 또한 삿된 마음이고, 망념이기 때문에 더럽지도 않 고 깨끗하지도 않으며 늘지도 않고 줄어들지도 않습니다.

그러므로 공 가운데에는 물질도 없고 받음과 생각과 의지작용과 의식도 없으며, 눈과 귀와 코와 혀와 몸과 뜻도 없으며, 빛과 소리와 냄새와 맛과 감촉과 법도 없으며, 눈의 경계도 없고 의식의 경계까 지도 없으며, 무명도 없고 또한 무명이 다함도 없으며, 늙고 죽음도 없고 또한 늙고 죽음이 다함까지도 없으므로 12연기법이 없고, 12 연기법이 없는 것도 없습니다. 괴로움과 괴로움의 원인과 괴로움의 없어짐과 괴로움을 없애는 길인 고苦·집集·멸滅·도道의 사성제도 없고, 사성제가 없는 것도 없으며, 지혜도 없고 얻을 것이 없으므로 아무런 소득이 없다고 하였습니다.

경전이나 어느 책에도 서분이 있고 정종분이 있으며 유통분이 있습니다. 서분은 서론이고 정종분은 본론이며 유통분은 결론입니다. 『반야심경』에서 '마하반야바라밀다심경'은 본체이고 서론, 본론, 결론은 작용입니다. 인문학은 체이고 그 내용은 용이며, 과학은 체이고 그 내용은 용입니다. 초는 체이고 촛불은 용이며, 손은 체이고 더듬고 만지는 것은 용입니다. 마음은 체이고 그 대상은 용이며, 생각은 체이고 그 대상은 용입니다. 『반야심경』이 내용이고 내용이 『반야심경』이며, 초가 촛불이고 촛불이 초이며, 마음이 대상이고 대상이 마음이며, 생각이 대상이고 대상이 생각이니 모든 체와 용이 서로 다르지 않고 둘이 아닙니다. 작은 풀잎과 강가의 모래, 티끌 하나라도 그다운 구실과 작용을 하는 것은 일체가 따로 법계를 벗어난 것이 아니기 때문입니다.

이 마음은 육도를 끊임없이 윤회하여 각양각색의 형체로 바꾸어 태어나도 마음만은 결코 생겨나지도 멸하지도 않고 불멸하는 것입니다. 그러나 중생은 체에 집착하고 용에 집착하여 겉모습만을 보고 좋아하고 싫어하며, 평범하다느니 대단하다느니 하는 분별 망념으로 참된 마음을 보지 못하기 때문에 업을 지어 그 과보를 받는 것입니다.

마조 선사를 친견한 백장 스님은 곧 시자 소임을 살게 되었습니다. 신도들이 대중공양을 올릴 때마다 스님은 호떡 그릇의 뚜껑을 열고 이를 선사에게 권했습니다. 그럴 때마다 선사는 뚜껑이 열리기가 무섭게 호떡을 하나 꺼내어 들고 대중에게 물었습니다.

"이것은 무엇인가?" 매번 이와 같았습니다. 비로소 3년이 지나서야 스님은 그 뜻을 알 수가 있었습니다.

백장산에 머물고 있는 스님에게 마조 선사가 편지와 함께 세 항아리의 된장을 부쳐 왔습니다. 백장 선사는 이를 법당 앞에 늘어놓은 채 법당에 올랐습니다. 그리고는 주장자로 항아리를 가리키며 말했습니다.

"제대로 이르면 그냥 두고, 그렇지 않으면 박살내겠다!"

대중은 아무 말도 없었습니다. 이에 백장 선사는 곧 항아리를 박살내더니 방장으로 돌아갔습니다.

시심마是甚麼, 이것은 무엇인가? 둘도 아니고 서로 다르지 않은 이것이 무엇인고!

사람들이 법에 감히 들어오지 못하는 까닭은 공에 떨어져서 붙잡을 것도 쉴 곳도 없을까 두려워하기 때문인데, 이런 태도는 마치 벼랑을 보고는 물러나서 두렵고 무서운 마음을 미리 내는 것과 같은 것입니다.

좋아하는 것을 얻으려 하나 얻지 못하면 허전하고 아쉬워하며, 싫어하는 것을 버리지 못하면 불안해합니다. 취하고 버리는 마음이 모두 구함이어서 공에 떨어지면 아무것도 구하지 못하리라는 두려움 때문에 마음을 비우지 못하니, 이것은 마음이 본래 공하다는 것을 모르기 때문입니다.

우리가 그 무엇을 구할 때에 그 대상은 실재하는 것이 아니므로 모두 허물어져 버리며, 구함의 대상이 실재하는 것이 아니라면 구함 역시 실재하지 않습니다. 구함과 그 대상은 체와 용으로, 체와 용이 다르지 않기 때문에 '구함이 있는 것도 아닌 것이 진공'이고, '구함이 없는 것도 아닌 것이 묘유'로 이것이 참된 구함이며 우리의 본래면목입니다.

화두, 염불, 기도가 일념의 무심이 되면 있는 것도 아니고 없는 것도 아니며, 생각도 아니고 생각이 아닌 것도 아닌 이것이 무엇인지를 깨닫게 됩니다. 이 깨달음이 마음인 법계를 깨끗하게 하는 것입니다.

호신진언 護身眞言
옴 치림 (3번)

몸을 보호하는 진언이 호신진언입니다. 몸과 마음이 둘이 아니므로 망념을 일으키지 않는 것이 몸과 마음을 참되게 보호하는 것입니다.

관세음보살본심미묘육자대명왕진언
觀世音菩薩本心微妙六字大明王眞言
옴 마니 반메 훔 (3번)

관세음보살의 본심本心인 육자대명왕진언, 옴 마니 반메 훔은 우리의 참마음입니다. 이 참마음은 중생이 사생육도四生六道에 태어나는 것을 막아줍니다.

　먼저 네 가지 탄생(四生)은 알에서 태어나는 난생卵生, 태로 태어나는 태생胎生, 열과 습기에서 태어나는 습생濕生, 초자연적으로 태어나는 화생化生이며, 그 태어나는 원인으로 난생은 성품이 미혹하여 여러 가지 업을 지은 탓이며, 태생은 쌓이고 쌓인 번뇌가 흘러서 제2의 성품을 익힌 탓이고, 습생은 삿된 성품을 익혀 애욕의 물에 잠긴 때문이며, 화생은 재촉하는 성품으로 깜짝 사이에 번뇌를 일으킨 때문입니다.

　이와 같이 태어난 중생들은 다음의 고통과 장애를 받습니다.

　①천상계의 삶에서 겪어야 하는 반복해서 일어나는 쾌락, ②아수라계에서 겪어야 하는 끝없는 전쟁, ③축생계의 삶에서 겪어야 하는 무력감과 노예 생활, ④불행한 귀신들의 세계인 아귀계의 삶에서 겪어야 하는 고통스런 배고픔과 목마름, ⑤지옥계의 삶에서 겪어야 하는 지독한 열기와 추위, ⑥인간들 사이에 살면서 겪는 진리와 동떨어진 생활, ⑦인간으로 태어나서 겪는 신체적 장애, ⑧인간으로 태어나서 겪어야 하는 그 밖의 모든 고통과 장애입니다.

　관세음보살의 육자대명왕진언 중에 옴(om)은 천신들 속에 환생하는 문을 닫고, 마(ma)는 아수라들 속에 환생하는 문을 닫고, 니(ni)는 인간들 속에 환생하는 문을 닫고, 반(pad)은 동물들 속에 환생하는 문을 닫고, 메(me)는 굶주린 아귀들 속에 환생하는 문을 닫으며, 훔(hum)은 지옥에 태어나는 문을 닫아줍니다.

　관세음보살의 옴 마니 반메 훔이 사생육도에 태어나는 것을 막을 수 있는 것은 관세음보살의 무량한 자비심 때문입니다. 관세음보살의 자비심은 이룰 만한 부처도 없고 제도할 중생도 없는 평등한 자비심으로 관세음보살의 본심이 사생육도이고, 사생육도가 관세음보살 본심이어서 서로 다르지 않고 둘이 아닙니다. 바로 보면 중생의 사생육도가 그대로 우리의 참마음입니다.

준제진언 准提眞言
나무 사다남 삼먁 삼못다 구치남 다냐타
옴 자례 주례 준제 사바하 부림 (3번)

준제진언을 외우는 것은 분별 망념을 세우지 않고 청정한 마음을 지키는 것입니다.

아금지송대준제 我今持誦大准提
제가 이제 대준제를 지성으로 외우면서
즉발보리광대원 卽發菩提廣大願
크고 넓은 보리심의 광대한 원 세우오니

청정한 마음, 보리심이다 하여 청정한 마음과 보리심이 있다고 하면 그것은 청정한 마음, 보리심이 아닙니다. 이는 다만 방편으로 이름을 세운 것으로, 지금 얻음이 없는 마음을 내면 결정코 한 법도 얻을 수 없는 것이 그대로 보리의 마음입니다. 부처님께서 말씀하시기를 "아뇩다라삼먁삼보리(무상정등정각)에 있어서 작은 한 법도 얻을 수 있었다면 연등부처님께서 나에게 수기하지 않으셨느니라"고 하였습니다. 일체 중생이 그대로 깨달음의 모양이기 때문입니다.

 티끌 같은 한 법도 얻을 수 없는 마음이 크고 넓은 보리심의 광대한 원입니다.

 원아정혜속원명 願我定慧速圓明
 정과혜를 두루닦아 어서밝게 이뤄이다

 청정한 마음은 얻을 것이 없으므로 망념이 일어나지 않습니다. 이렇듯 마음이 움직이지 아니함을 알아 대상을 대하여 고요한 것이 정定이며, 마음이 움직이지 아니함을 알 때에 움직이지 않는다는 생각도 나지 않으며, 마음이 청정함을 알 때에 청정하다는 생각도 나지 않으며, 그리고 선과 악, 좋다 싫다 하는 모든 것을 분별하되 그 가운데서 물들지 않아서 자재를 얻음을 혜慧라 합니다. 마음이 움직임도 없고, 움직임이 없다는 것도 없는 것이 정과 혜를 두루 닦아 밝게 이뤄지는 것입니다.

 원아공덕개성취 願我功德皆成就
 크고넓은 모든공덕 저는모두 얻어이다
 원아승복변장엄 願我勝福遍莊嚴
 높은복과 큰장엄을 저는두루 갖춰이다
 원공중생성불도 願共衆生成佛道
 그지없는 중생들과 불도함께 이뤄이다

크고 넓은 모든 공덕을 성취하고 높은 복과 큰 장엄을 두루 갖추기 위해 일체 중생들과 다 함께 불도를 이루어야 합니다.

경에 이르기를, 중생의 삶의 모든 현상은 꿈이고 허깨비이며, 물거품이고 그림자 같고, 이슬 같고 번개 같다고 하였습니다. 그것은 티끌과 같이 수많은 일체 유위有爲의 상대법은 스스로 존재하지 못하고 대상의 인연에 따라 생겼다가 대상의 인연에 따라 소멸되는 것으로 항상하지 못하고 무상無常하기 때문에 꿈, 허깨비, 물거품, 그림자, 이슬, 번개 같은 것입니다. 그러나 일체 존재는 결코 분별되어 있지 않습니다. 다만 중생이 있음과 없음, 좋다 싫다 하는 망념으로 잘못 보고 분별시키는 것입니다.

우리의 6근 앞에 나타나는 모든 것은 내 자신의 마음이 투영된 것이며, 내 자신의 생각의 표현입니다. 지금 눈앞에 나타난 더러운 모양은 우리들 자신의 모양이고, 지금 귀에 들리는 감미로운 소리는 우리들 자신의 소리입니다.

달마 조사에게 물었습니다.

"만일 분별하고 운동하는 온갖 시간이 모두가 근본 마음이라면 색신色身이 죽을 때엔 어찌하여 근본 마음을 못 보는 것입니까?"

선사가 대답하였습니다.

"근본 마음이 항상 눈앞에 나타났으나 그대 스스로가 보지 못할 뿐이다."

다시 물었습니다.

"마음이 이미 눈앞에 나타나 있다면 어찌하여 보지 못합니까?"

선사가 물었습니다.

"그대는 꿈을 꾼 적이 있는가?"

"꾸었습니다."

"그대가 꿈을 꿀 때에 그대의 본래 몸이었던가?"

"예, 본래 몸이었습니다."

거듭 물었습니다.

"그대가 말하고 분별하고 운동하던 것이 그대와 다르던가, 같던가?"

"다르지 않았습니다."

달마 조사가 말했습니다.

"이미 다르지 않다면 이 몸 그대로가 근본 법신이며 이 근본 법신 그대로가 그대의 근본 마음이니라."

우리가 잠을 잘 때에 침상에 누워 있는 몸은 무엇이고, 꿈속에서 분주하게 움직이는 몸은 무엇입니까? 침상에 누워 있는 몸의 입장에서 볼 때 꿈속에서 움직이는 몸은 마음이 움직이는 것으로, 꿈의 몸과 침상의 몸이 조금도 다르지 않다면 침상에 누워 있는 몸 또한 마음인 것입니다. 따라서 이 몸 그대로가 마음으로 안, 이, 비, 설, 신의 6근과 색, 성, 향, 미, 촉, 법의 6진과 안식계, 이식계, 비식계, 설식계, 신식계, 의식계의 6계를 포함한 18계 일체가 그대로 마음입니다.

이와 같이 일체가 마음뿐인데 우리는 어째서 마음을 못 보는 것인가? 그것은 있다 없다, 좋다 싫다 하며, 하나다 둘이다, 또는 여럿이다 하는 분별을 취하여 집착하기 때문입니다.

승찬 선사는 "둘은 하나로 말미암아 있으나 그 하나도 지키지 말라"고 하였습니다.

소금이 물을 만났을 때에 그것은 소금인가 물인가? 소금물은 하나도 아니고 또한 둘도 아닙니다. 소금인 본체는 스스로 있을 수 없고 녹는 물의 작용으로 인하여 있으므로 있는 것도 아니고, 물의 작용은 소금인 채로 인하여 있으므로 소금이 없는 것도 아닙니다. 본체는 있는 것도 아니고 작용은 없는 것도 아니며, 작용은 있는 것도 아니고 본체는 없는 것도 아닙니다.

거울에 비친 파란색의 빛깔과 한눈에 가득히 비친 노란색의 빛깔도 역시 서로 다르지 않고 하나도 아니고 둘도 아닙니다. 그러므로 일체는 '있는 것도 아니고 없는 것도 아니며', 서로 다르지 않고 하나도 아니고 여럿도 아닙니다.

순세파의 바라문은 세존께 이렇게 여쭈었습니다.

"구담瞿曇이시여, 일체는 있습니까?"

"바라문이여, 일체가 있다는 것은 첫 번째 세간의 영역이니라."

"구담이시여, 그렇다면 일체는 없습니까?"

"바라문이여, 일체가 없다는 것은 두 번째 세간의 영역이니라."

"구담이시여, 일체는 하나의 성품입니까?"

"바라문이여, 일체가 하나의 성품이라는 것은 세 번째 영역이니라."

"구담이시여, 일체는 여럿의 성품입니까?"

"바라문이여, 일체가 여럿의 성품이라는 것은 네 번째 세간의 영역이니라. 바라문이여, 이 양 극단을 떠나서 여래는 중도中道에 의하여 법을 설하느니라. 무명에 연하여 행이 있고, 행에 연하여 식이 있으니 이와 같은 것이 이 모든 괴로움의 쌓임의 모임이니라. 그리고 무명의 생함이 없어 탐욕을 떠나는 멸함에 의하여 행의 멸함이 있고, 행의 멸함에 의하여 식의 멸함이 있으니 이와 같은 것이 이 모든 괴로움의 쌓임의 멸함이니라."

이와 같이 말씀하시자 순세파의 바라문은 세존에게 이렇게 말했습니다.

"존경하는 구담이시여, 희유希有하나이다. 금일 이후로 생애를 귀의하여 받들겠나이다."

일체는 있다 없다, 일체는 하나의 성품이다 여럿의 성품이다 하는 것은 극단이며, 한 변에 머무는 변견邊見으로 구하여 집착하는 마음입니다. 우주에 존재하는 모든 것들은 있음과 없음, 하나나 둘 또는 여럿의 모습으로 존재하는 것이 아니고 '있는 것도 아니고 없는 것도 아니며', 하나도 아니고 둘도 아닌 중도의 모습으로 존재하고 있습니다.

조주 선사에게 어떤 스님이 물었습니다.
"개도 불성佛性이 있습니까?"
선사가 말하였습니다.
"있느니라."

스님이 다시 물었습니다.

"있다면 어째서 가죽부대 속에 들어 있습니까?"

선사가 말하였습니다.

"그가 알면서도 짐짓 범했기 때문이니라."

다시 어떤 스님이 물었습니다.

"개도 불성이 있습니까?"

선사가 말하였습니다.

"없느니라."

스님이 다시 물었습니다.

"일체 중생이 모두가 불성이 있다 했거늘 개는 어째서 없다 하십니까?"

선사가 말하였습니다.

"그에게 업식業識이 있기 때문이니라."

개에게 불성이 있다 함은 머리에 머리를 얹는 것으로 불성을 잘못 아는 허물로 개의 가죽부대 속에 들어간 것입니다. 개에게 불성이 없다 함은 미혹한 망념의 업식으로 인해서 개로 태어난 것입니다.

조주 선사가 말한 불성의 있음(有)과 없음(無)은 묻는 스님의 잘못된 견해를 바로 잡아주기 위한 것이니, 묻는 스님이 불성은 있는 것도 아니고 없는 것도 아닌 도리를 깨달았다면 개에게 불성이 있습니까? 하는 질문은 있을 수 없기 때문입니다.

조주 선사의 무자無字 화두는 유를 상대하는 무가 아니고 유와 무를 떠나서 생각하지도 분별하지도 않는 무입니다.

『백장어록』에서는 선사의 깨달음에 대해 다음과 같이 말하고 있습니다.

백장 스님이 마조 선사를 부축하여 산보를 나갔습니다. 그때 돌연 들오리 한 마리가 날아올랐습니다.

마조 선사가 물었습니다.

"이것이 무엇인가?"

백장 스님이 말했습니다.

"들오리입니다."

"어디로 갔는가?"

"그냥 날아가 버렸습니다."

그러자 선사가 느닷없이 스님의 코를 쥐어뜯었습니다. 백장 스님은 고통을 참지 못하고 비명을 질렀습니다. 마조 선사가 말했습니다.

"날아가 버렸다고? 어디 다시 말해 봐라!"

마조 선사의 이 말에 백장 스님은 문득 깨달았습니다. 등 뒤로는 식은땀이 흘러내리고 있었습니다. 시자실에 돌아온 스님은 목을 놓아 울었습니다. 동료가 물었습니다.

"부모님 생각에 그렇게 우는 건가?"

스님은 고개를 저었습니다.

"누구에게 욕을 먹은 게로군."

스님은 다시 고개를 저었습니다.

"그러면 도대체 왜 우는 건가?"

"선사에게 코를 쥐어뜯기고 났더니 너무 아파서 이렇게 운다네."

"무슨 일로 선사의 노여움을 샀기에……."

"직접 선사께 여쭤 보게."

그는 곧 마조 선사에게로 갔습니다.

"회해悔海 시자는 무슨 일로 선사께 코를 쥐어뜯기고 저렇게 울고 있는 겁니까? 말씀해 주십시오."

"회해가 잘 알 것이니 그에게 물어 보게."

그는 다시 스님에게로 돌아왔습니다.

"선사께서는 자네가 잘 알 것이라고 하시던데?"

그러자 백장 스님이 큰소리로 웃었습니다. 동료가 말했습니다.

"아까는 울더니, 지금은 왜 웃는 건가?"

"아까는 울고, 지금은 웃네."

동료는 멍하니 서 있기만 했습니다.

이튿날 마조 선사가 법당에 올라 법좌에 앉았습니다. 이윽고 대중이 다 모이자, 백장 스님이 돌연 몸을 일으켜, 한편으로 좌복을 개켜 치웠습니다. 그러자 마조 선사는 곧 방장으로 돌아갔습니다. 뒤에 백장 스님에게 물었습니다.

"아까 내가 미처 설법도 시작하기 전에 자네는 왜 좌복을 개켜 치웠는가?"

"어제 저는 선사께 코를 쥐어뜯겨서 아파 혼났습니다."

"어제 자네는 어디에다 마음을 두고 있었나?"

"오늘은 코가 더는 안 아픕니다."

"자네는 오늘 일을 잘 알고 있군!"

큰절을 올린 다음 백장 스님은 물러나왔습니다.

들오리와 들오리의 사라짐, 코의 고통에 따른 비명 소리, 울음과
웃음, 좌복과 좌복의 치움, 어제 코의 아픔과 오늘 코의 아프지 않음.
어제의 마음과 오늘의 마음, 이 모든 있음과 없음이 '있는 것도 아니
고 없는 것도 아닌 것'을 깨달아 있음과 없음이 다르지 않고 서로 융
통하는 것이 크고 넓은 모든 공덕을 성취하고, 높은 복과 큰 장엄을
두루 갖추며, 일체 중생들과 다 함께 불도를 이루는 것입니다.

여래십대발원문 如來十大發願文
부처님의 열 가지 큰 발원은 곧 우리의 발원입니다.

원아영리삼악도 願我永離三惡道
나는이제 삼악도를 여의옵기 원입니다
원아속단탐진치 願我速斷貪瞋癡
나는이제 탐진치를 어서끊기 원입니다

분별 망념 속에 떨어진 깊은 미혹의 어리석음이 무력한 노예 생활
의 축생계이고, 그 어리석음이 더욱 깊어져 끝없는 탐욕심을 일으키
면 고통스러운 배고픔과 목마름의 불행한 귀신들의 세계인 아귀계
이며, 끝없는 탐욕은 더욱 이룰 수 없으므로 불같은 화가 일어나는
것이 참을 수 없는 지독한 열기와 추위가 있는 지옥계입니다. 그러
나 이러한 축생계와 아귀계, 지옥계가 따로 있는 것이 아닙니다. 축

생계는 어리석은 내 마음의 투영이고, 아귀계의 깊은 탐욕심은 내 생각의 표현이며, 지옥계의 불같은 화는 내 자신의 모습입니다. 삼악도와 삼선도三善道가 따로 없고 탐, 진, 치와 계, 정, 혜가 따로 있지 않습니다. 오직 있음과 없음의 분별에서 벗어나면 이것이 참되게 삼악도를 여의고 탐, 진, 치를 끊는 것입니다.

　원아상문불법승 願我常聞佛法僧
　나는이제 불법승을 항상듣기 원입니다
　원아근수계정혜 願我勤修戒定慧
　나는이제 계정혜를 힘껏닦기 원입니다

모든 분별망념을 여읜 이 자리가 참마음이고 불, 법, 승이며 계, 정, 혜입니다. 청정하여 오염되지 않은 것이 계戒이며, 마음이 움직이지 아니함을 알아 대상에 대하여 고요한 것이 정定이며, 마음이 움직이지 아니함을 알 때에 움직이지 아니한다는 생각도 나지 아니하며, 마음이 청정함을 알 때에 청정하다는 생각도 나지 아니하여 내지 선과 악을 모두 능히 분별하되 그 가운데 물들지 아니하여 자재를 얻는 것을 혜慧라고 합니다. 만약 계, 정, 혜의 본체를 모두 얻을 수 없는 것을 알 때에는 곧 분별함이 없어서 동일한 본체입니다. 이와 같이 구함도 없고 얻을 수도 없는 것을 법이라 하고, 법을 보기 때문에 부처라 하며, 부처와 법이 모두 없는 것을 승僧이라 부르며 작위作爲 없는 중이라 부르며, 또한 한 몸의 삼보(一體三寶)라 합니다.
　한 생각 일어나면 만 가지 생각이 일어나고 한 생각 멸하면 만 가지 생각이 멸합니다. 한 생각 망념을 일으키지 않는 것이 불, 법, 승을 항상 듣고 계, 정, 혜를 힘껏 닦는 것이며 화두, 염불, 기도하는 것입니다.

원아항수제불학 願我恒修諸佛學
나는이제 부처님법 늘배우기 원입니다
원아불퇴보리심 願我不退菩提心
나는이제 보리심을 안여의기 원입니다

아뇩다라삼먁삼보리, 무상정등정각無上正等正覺이 부처님 법이며 보리심입니다. 부처님 법의 보리심인 이 마음에는 높은 것이 없고, 높은 것이 없으니 낮은 것도 없습니다.

이 마음은 평등하여 지위, 인과, 계급 따위의 헛된 분별의 개념이 없습니다. 있는 것도 아니고 없는 것도 아닌 바른 깨달음이 부처님 법이고 보리심이며 우리의 마음입니다.

원아결정생안양 願我決定生安養
나는이제 안양계에 태어나기 원입니다
원아속견아미타 願我速見阿彌陀
나는이제 아미타불 만나뵙기 원입니다

안양계는 서방정토 극락세계이며 아미타부처님이 계신 곳입니다.
6조 혜능 선사는 단경에서 위사군을 비롯한 대중에게 다음과 같이 말하였습니다.

"세존께서 사위성에 계실 때에 서방정토로 인도하여 교화해 말씀하셨는데, 경에 분명히 말씀하시기를 여기서 멀지 않다 하셨고, 또한 상相으로 논하여 말한다면 거리가 십만 팔천 리라 하셨으니, 즉 이 몸 가운데의 십악十惡과 팔사八邪를 말한 것이다. 이것을 멀다고 말씀하신 것이니 멀다고 말씀하신 것은 하근下根을 위함이요, 가깝다고 말씀하신 것은 상근上根 대지大智를 위함이니 사람에게는 두 가지가 있으나 법에는 두 가지가 없느니라. 미혹과 깨달음의 다름이 있으므로 견해에 늦고 빠름이 있는 것이니 미혹한 사람은 염불하여 저 땅에 나기를 바라지만 깨달은 사람은 스스로 마음을 깨끗이 하느니라.

그러므로 부처님께서 말씀하시기를, 그 마음이 깨끗하면 부처님의 땅도 깨끗하다 하였느니라. 동방 사람이라도 다만 마음만 청정하면 죄가 없는 것이며, 서방 사람이라도 마음이 깨끗하지 못하면 또한 허물이 되는 것이다. 만약 동방 사람이 죄를 지으면 염불하여 서방국토에 나고자 할 때에 서방 사람은 죄를 짓고 어느 나라에 나고자 염불할 것인가? 어리석은 범부들은 자성을 밝히지 못하여 자기 몸 가운데에 정토淨土가 있는 것을 알지 못하고 혹은 동쪽 나라를 원하고 혹은 서쪽 나라를 원하나, 깨달은 사람은 있는 곳마다 한가지니라. 이런 까닭에 부처님께서 말씀하시기를, 머무는 곳마다 항상 안락하다 하셨느니라. 다만 마음 바탕에 착한 마음이 가득하면 서방정토가 여기서 멀지 않은 것이요, 만약 착하지 않은 마음을 품고 있다면 설사 염불하여도 서방극락에 가서 나기는 어렵느니라. 내 이제 그대들에게 권하노니, 먼저 십악심十惡心을 제거하라. 그러면 곧 십만 리를 감이요, 다음에 팔사심八邪心을 제하면 곧 팔천 리를 지난 것이니, 생각 생각 성품을 보아 항상 평등하고 곧게 행동하면 찰나 사이에 서방 정토에 이르고, 즉시에 아미타불을 뵙게 될 것이니라.

다만 십선을 행하라. 어찌 새삼스럽게 왕생하기를 바랄 것인가. 만약 심악심을 끊지 않는다면 염불한들 어느 부처님이 와서 맞아주실 것인가! 다만 남이 없는(無生) 돈법頓法을 깨치면 서방을 찰나 사이에 볼 것이나 깨치지 못하면 염불을 하여도 왕생할 길이 멀거니 어떻게 도달하겠는가.

내가 이제 그대들을 위하여 서방국토를 찰나 사이에 옮겨 눈앞에 바로 보게 하리니 다들 보기를 원하는가?"

이때 대중이 모두 다 예배하며 말하였습니다.

"만약 여기서 볼 수 있다면 구태여 서방국토에 가서 나겠습니까? 화상이시어! 바라옵건대 자비를 베푸시어 곧 서방정토가 나타나 저희들로 하여금 모두가 보게 하여 주십시오."

선사는 말씀하셨습니다.

"대중은 자세히 들으라, 세상 사람의 색신色身은 성城이요 눈·귀·코·혀·몸은 성의 문이니 밖으로 다섯 문이 있고 안으로는 뜻의 문이 있다. 마음은 곧 땅이요 성품은 곧 왕이니 성품이 있으면 왕이 있고 성품이 가면 왕은 없는 것이며, 성품이 있으면 몸과 마음이 있고 성품이 가면 몸과 마음이 무너지느니라. 그러므로 부처를 이루고자 한다면 자기 성품을 향해 지을 것이지 몸 밖에서 구하지 말라. 자기의 성품이 미혹하면 곧 이것이 중생이고, 자기의 성품을 깨달으면 곧 이것이 부처이니라. 자비는 곧 관음이요, 희사喜捨는 세지勢至라 부르며, 능히 깨끗함은 즉 석가요, 곧은 것은 미타며, 인아상人我相은 수미산이요, 삿된 마음은 바닷물이요, 번뇌는 이것이 물결이요, 독한 마음은 악한 용이며, 허망은 귀신이요, 진로塵勞는 고기와 자라며, 탐하고 성냄은 이것이 지옥이요, 어리석음은 이것이 축생이니, 십선은 천당이니라.

인아상을 제거하면 수미산이 쓰러지며, 삿된 마음이 없으면 바닷물이 마르고, 번뇌가 없으면 물결이 없어지고 해독심을 제거하면 고기와 용이 없어지니라.

자기 마음의 땅 위에 깨달은 성품의 부처가 대광명을 놓아 밖으로 육문을 비추면 육문이 청정하여 능히 욕계의 모든 여섯 하늘을 부수고, 자성이 안으로 비추면 삼독三毒이 곧 없어져 지옥 등 죄가 일시에 소멸하여 내외가 명철하여 서방국토와 다르지 않으니, 만약 이 수행을 닦지 않는다면 어떻게 저 국토에 이를 수 있겠는가!"
대중이 선사의 말씀을 듣고 모두가 자기의 성품을 확연히 보고 예배하며 찬탄하여 말하기를, "참으로 거룩하십니다. 널리 법계의 모든 중생으로 이 법을 듣는 이는 모두 일시에 깨쳐지이다."

다음은 장엄염불에 나오는 게송입니다.

아미타불재하방 阿彌陀佛在何方

착득심두절막망 着得心頭切莫忘

염도염궁무념처 念到念窮無念處

육문상방자금광 六門常放紫金光

아미타 부처님은 어느 곳에 계신 것인가

마음속에 간직하여 간절하게 잊지 않고

생각하고 생각하여 생각 없음에 이르면

육근에서 항상 자금색 광명을 발하리라

서방정토의 아미타부처님은 분별 망념이 끊어진 우리의 마음입니다. 분별 망념인 삿된 생각이 끊어져서 무념에 이르게 되면 깨달음의 광명이 발합니다. 일체는 그대로 깨달음의 모습으로 6근, 6진, 6식의 작용이 자금색 광명으로서 우주의 티끌 하나가 그대로 서방정토 아미타부처님이며 성품과 마음으로, 이것이 안양계에 태어나고 아미타부처님을 만나는 것입니다.

원아분신변진찰 願我分身遍塵刹

나는이제 나툰몸을 두루펴기 원입니다

원아광도제중생 願我廣度諸衆生

나는이제 모든중생 제도하기 원입니다

우주에 존재하는 모든 것의 근원은 마음입니다. 이 마음이 부처이고 일체 존재는 마음의 분신이기 때문에 모든 중생은 이미 부처이므로 모두 제도된 것입니다.

발사홍서원 發四弘誓願

중생무변서원도 衆生無邊誓願度
중생들이 가없지만 기어이다 건지리다

번뇌무진서원단 煩惱無盡誓願斷
번뇌망상 끝없지만 기어이다 끊으리다

법문무량서원학 法門無量誓願學
법문말씀 한없지만 기어이다 배우리다

불도무상서원성 佛道無上誓願成
부처님도 드높지만 기어이다 이루리다

'중생들이 가없이 많지만 기어이 모두 건지리다.'

우리가 이 마음을 깨달아 이루고자 하는 것은 다른 뜻이 없습니다. 오직 보살행을 하기 위함이며 일체 중생의 얽힘인 생사의 고통을 풀기 위한 것입니다. 그렇게 하기 위해서는 내 마음의, 나의 얽힘부터 먼저 풀어야 합니다. 이것이 자비행이며 수행이고 구도입니다.

자성중생서원도 自性衆生誓願度
제마음의 중생부터 기어이다 건지리다

자성번뇌서원단 自性煩惱誓願斷
제마음의 번뇌부터 기어이다 끊으리다

자성법문서원학 自性法門誓願學
제마음의 법문부터 기어이다 배우리다

자성불도서원성 自性佛道誓願成
제마음의 불도부터 기어이다 이루리다

중국의 유마로 불리는 방 거사의 말입니다.

날마다 하는 일 딴 것이 없나니
오직 나만을 상대할 뿐이다.
물건마다 버리거나 취함이 없고
곳곳마다 열거나 거둘 수 없다.
주朱와 자紫를 누가 이름 짓는가.
언덕도 산도 먼지 하나 없다.
신통과 묘용이여
물을 긷고 나무를 나르는 것이다.

　태산을 들어 올리는 것은 신통이고, 물을 긷고 나무를 나르는 것
은 그저 평범한 일인가? 우리는 다리가 아프면 걸어갈 때에 다리를
절룩거립니다. 이것은 다리가 아파서 다리를 절룩거린다기보다 다
리를 절룩거리면 아픔이 덜하기 때문입니다. 다리를 절룩거리는 것
은 다리의 아픔을 피하기 위한 것으로 이 아픔을 피하기 위한 동작
이 아픔을 싫어하는 마음입니다. 몸에 두드러기가 났다거나 모기에

물렸을 때에 무의식적으로 그 부위를 긁습니다. 이 역시 가려움을 없애기 위한 동작입니다.

태산을 들어 올리지 못하는 것은 팔이 아프기 때문이며, 물을 긷고 나무를 나르는 것은 팔이 아프지 않기 때문으로, 태산과 물과 나무, 이 몸이 하나같이 본래 공하여 있는 것도 아니고 없는 것도 아닙니다. 싫어하고 좋아하며, 아픔의 있음과 아픔의 없음의 생각이 없으면 태산을 들어 올리는 것이나 물 긷고 나무 나르는 일이 서로 다르지 않습니다. 신통이 범사이고 범사가 신통이며, 평범한 일이 대단한 일이고 대단한 일이 평범한 일로서, 이와 같이 보는 것이 네 가지 서원입니다.

발원이귀명례삼보 發願已歸命禮三寶

나무상주시방불 南無常住十方佛
시방세계 항상계신 불보님께 귀의하고

나무상주시방법 南無常住十方法
시방세계 항상계신 법보님께 귀의하고

나무상주시방승 南無常住十方僧
시방세계 항상계신 승보님께 귀의합니다 (3번)

우리가 불·법·승 삼보에 귀의하는 것은 삼보에 무엇을 얻고 구하기 위해서 의지하고 귀의하는 것이 아닙니다.

황벽 선사께서 염관 선사의 회하에 있을 때에 훗날 당나라 대중大中 황제는 사마승으로 있었습니다.

하루는 선사께서 예배를 드리는데 그 사마승이 말하였습니다.

"부처에 집착하여 구하지 않고, 법에 집착하여 구하지 않으며, 대중에 집착하여 구하지 않는 것이거늘, 장로께서는 예배하시어 무엇을 구하십니까?"

선사께서 말씀하셨습니다.

"부처에 집착하여 구하지 아니하고, 법에 집착하여 구하지 아니하며, 대중에 집착하여 구하지 아니하면서 늘 이같이 예배하느니라."

"예배는 해서 무얼 하시렵니까?"

그러자 선사께서 갑자기 사미승의 뺨을 올려치니, 그 사미승은 "몹시 거친 사람이군" 하고 대꾸했습니다. 그러자 선사께서 말씀하셨습니다.

"여기에 무슨 도리가 있기에 네가 감히 거칠다느니 섬세하다느니 뇌까리느냐?"

다시 뒤따라 또 뺨을 올려붙이니, 사미는 도망가 버렸습니다.

뒷날 선사께서 세연을 마치고 열반에 들었을 때 대중 황제는 앞날의 일을 생각하고 선사께 추행사문麁行沙門이란 호를 내렸는데, 당시 배휴 재상이 "선사께서 폐하의 뺨을 치신 것은 폐하의 삼제三際의 업을 소멸시키기 위한 것입니다" 하고 주청을 하여 단제선사斷際禪師로 개호改號하였습니다.

그 사미승이 뺨을 맞고 "몹시 거친 사람이군" 하고 대꾸한 것은 섬세함을 구한 것으로, 섬세함을 구하면 거침이 있고 거침이 있으면 섬세함이 있게 됩니다. 그러므로 구함이 없는 것이 참된 구함이며 이 참된 구함이 불·법·승 삼보에 귀의하는 것입니다.

마무리 이야기

2014년 11월 우주 탐사선 로제타 호가 혜성에 도착하였는데, 혜성이 지구에 물과 유기분자를 가져와, 생명의 탄생에 대한 여부와 나아가 우주의 비밀을 밝혀낼 수 있는 기대가 크다고 말하고 있습니다. 실상 이 문제도 중대하다 하지마는, 이보다 절실하고 시급한 것은 모든 것의 근본인 물질이 무엇인가를 밝혀내는 것이 더욱 중요한 현실일 것입니다.

우리는 어느 곳에서 왔으며 어느 곳으로 가고 있는지를 왜 모르는가? 어째서 티끌과 같이 헤아릴 수 없는 분별 망념을 일으켜 스스로 생사의 고통을 자초하고 있는 것인가? 그것은 오로지 물질이 무엇인지 모르는 무지無智가 그 원인입니다.

부처님께서는 일체 중생이 부처이고 본래 청정하다고 하셨는데 어째서 우리는 미혹한 중생이고 청정하지 못하는 것일까?

『원각경』에서는 금강장보살과 정제업장보살이 부처님께 다음과 같이 여쭈는 대목이 나옵니다.

　금강장보살은 부처님께 예를 올린 후 "세존이시여! 만일 중생이 본래 부처였다고 한다면 어째서 다시 무명에 빠지게 되었습니까? 만약 무명이 중생에게 본래 있었다고 한다면 무슨 까닭으로 여래께서는 본래 성불했다고 말씀하시는 것입니까? 모든 중생이 본래 부처의 도를 이루었다가 이후에 무명이 일어난다고 하면 여래께서는 언제 번뇌를 다시 생기게 하셨습니까?" 금강장보살은 이렇게 세 가지 의심을 일으켜 의문을 표했습니다.

　그리고 정제업장보살은 "세존이시여! 만일 이 깨달은 마음이 본래 청정하다면 어째서 번뇌에 오염되어 중생들이 미혹하게 되었습니까?" 하면서 자신의 의심을 말씀드렸습니다.

　이에 대해 부처님께서는 먼저 금강장보살의 질문에 대해서, 무명의 어리석음이 부처님 지혜에 의존하지 않는다고 하시면서 중생이 잘못 보는 어리석음을 비유로 들어 말씀하셨습니다.

　"눈을 자꾸 움직이는 까닭에 움직이지 않는 맑은 물이 흐르는 듯 보이며, 눈은 가만히 있건만 어떤 사람이 불더미를 돌리자 같이 움직이는 것과 흡사하며, 구름이 흘러감에 따라 달도 움직이는 듯 보이는 것과 같으며, 배가 내려가자 언덕이 올라가는 듯하는 것도 마찬가지이다. …… 또한 병이 난 눈으로 허공 꽃을 보다가 눈이 완치되면 허공 꽃이 사라지지만 본래 허공에는 허공 꽃이 있지 않은 것과 같다. …… 예컨대 금광을 녹일 때 금은 녹인 뒤에 비로소 있게 되는 것이 아니고, 이미 금으로 성립되면 다시 금광이 되는 것도 아니며, 무궁한 시간이 경과하더라도 금의 성질은 결코 무너지지 않는다. …… 원융한 깨달음은 윤회함도 윤회하지 않음도 없다. …… 그러므로 부처와 중생은 허공 꽃에 불과하니, 만일 분별의 생각을 일으킨다면 여래의 적멸한 바다에 이르지 못하느니라.”

또한 정제업장보살의 질문에 대해서는 다음과 같이 말씀하셨습니다.

“정제업장보살이여! 마땅히 알지니, 일체 모든 중생이 자기에 대해 애착하므로 쉴 새 없이 유전을 거듭하나니, 아상·인상·중생상·수자상을 제거하지 못하면 결코 보리를 얻지 못하리라. 미움과 사랑은 마음에서 생기며 아첨과 굽은 마음으로 가득해 끊임없이 미혹 속에 떨어져 깨달음의 성에 들어가지 못하느니라. 만일 깨달음의 세계에 들어가려면 탐욕·성냄·어리석음을 제거하고 법애法愛마저도 마음에 두지 않으면 점차적으로 성취하게 되리라.”

우리가 일으키는 의문과 의심은 그 자체가 구하는 마음으로 분별망념입니다. 금강장보살이 ‘중생이 본래 부처였다면 어째서 다시 무명에 빠지게 되었습니까?’ 하는 의문을 일으킬 수밖에 없었던 것은 금강장보살이 원융한 깨달음에 이르지 못했기 때문입니다. 구경의 깨달음에 이르지 못하면 미혹한 망념의 고통이 있기 마련입니다. 고통을 싫어하고 고통에서 벗어나고자 열반을 구하는 마음으로 인해 중생이 본래 부처라 했는데 어째서 나는 부처가 아닌가 하는 의심이 일어나는 것입니다. 정제업장보살이 질문한, ‘본래 청정한데 어째서 오염된 것인가?’ 하는 의심도 더러움은 싫어하여 버리고자 하며 청정은 좋아하여 취하려는 욕망이 이루어지지 않을 때, 본래 청정하다 하였는데 어째서 더러움이 있는가? 하는 의문이 일어나는 것입니다.

그러나 부처님께서 말씀하신 본래 부처와 본래 청정은 있음과 없음, 좋다 싫다 하는 분별의 틀 속에 있는 우리의 생각과 무관하기 때문에 생각을 벗어난 말씀입니다. 부처님이 설하신 팔만사천법문은 팔만사천 방편입니다. 중생이 팔만사천번뇌를 일으키니, '그와 같은 팔만사천번뇌가 본래 번뇌가 있는 것이 아니고 없는 것이다' 하고 방편으로 말씀하신 것이 팔만사천법문이기 때문에, 팔만사천번뇌가 없으면 팔만사천법문도 없으니, 팔만사천번뇌도 방편이고 팔만사천법문도 방편인 것입니다.

우리는 부처님께서 천상의 도솔천에 계시다가 마야 부인의 몸을 통하여 이 세상에 오시어 팔만사천법문을 베풀어 일체 중생을 제도하셨다 하지마는, 부처님께서는 나는 도솔천에서 한 발짝도 움직이지 않고 일체 중생을 제도하였다고 하셨습니다.

『금강경』에 이르시기를 "수보리야! 만일 어떤 사람이 말하기를 '여래가 만약 온다거나 간다거나 앉았다거나 눕는다거나' 하면 이 사람은 내가 말한 바 뜻을 알지 못하는 사람이니라. 왜 그러냐 하면 여래는 어디로부터 온 바가 없으며 또한 어디로 가는 것도 없으니, 그러므로 여래라 이름 하느니라" 하셨습니다.

부처님께서는 어느 곳에 있었으며 어느 곳으로 갔으며 무엇을 하였다는 분멸의 생각을 하지 않으십니다. 도솔천에 계실 때라도 내가 도솔천에 있다는 생각을 하지 않으시고, 이 세상에 내려 오셨지만

이 세상에 내려 왔다는 생각을 하지 않으시기 때문에 천상도 방편이고, 이 세상에 오신 것도, 중생을 제도하신 것도 방편입니다. 천상과 이 세상을 생각하지 않으면 천상과 이 세상이 다르지 않습니다.

『화엄경』에서 자리에 모여 있던 보살들이 움직이지 않고 천상에 올라갔다 함도 이와 같습니다. 또한 혜가 스님이 달마 조사에게 "저의 마음을 편안케 해 주소서" 하자, 조사가 "마음을 가져 오너라. 편안케 해 주리라." 이에 혜가 스님이 "마음을 찾아도 찾을 수가 없습니다" 하니, 조사가 대답하기를 "찾아지면 어찌 그것이 너의 마음이겠느냐? 벌써 너의 마음을 편안케 해 마쳤다." 혜가 스님이 이 말씀에 문득 깨닫고 말하기를 "오늘에야 모든 법이 공적空寂하고 보리가 멀지 않음을 알았습니다. 그러기에 보살은 생각을 움직이지 않고 살바야의 바다에 이르며, 생각을 움직이지 않고 열반의 언덕에 오릅니다"라고 하였습니다.

마조 선사의 말끝에 홀연히 깨달은 분주 스님은 "지금까지 저는, 불도란 까마득히 아주 먼 곳에 있어서 끊임없이 정진에 정진을 거듭해야만 비로소 성취할 수 있는 것으로 생각하고 있었습니다. 그러나 이제는 분명히 알았습니다. 법신法身 그대로가 본래부터 나 자신 안에 갖추어져 있다는 사실과 일체의 모든 것은 마음으로부터 생겨나 오직 그 이름만 있을 뿐, 실체는 없다는 사실을……" 하고 말했습니다.

이에 대해 마조 선사는 "그렇지! 그렇고말고! 마음의 본성은 불생불명이며, 일체의 것은 원래부터 공적할 뿐이다. 그러므로 경전에서도 '모든 것은 처음부터 늘 열반에 든 모습을 하고 있다'라고 하고 있으며, 또 '궁극에 이르는 곳은 공적의 집'이라 하고 있는 것이다. 나아가 '모든 것은 공空을 그 앉는 토대로 삼는다'라고 말하고도 있는 것이다. 이 말은 결국 제불여래는 머무를 곳 없는 자리에 머무른다는 말이다. 이러한 도리를 알게 되면 마침내 공적의 집에 살며, 만물이 공한 자리에 앉아 다리를 들고 내리는 것이 모두 보리의 도량을 벗어나지 않게 된다. 이렇게 듣는 즉시 모든 것이 다 결말이 나서 마침내 일체의 계단을 훌쩍 뛰어넘을 수 있게 되는 것이다. 이러한 것을 바로 '발을 움직이지 않고도 열반산 꼭대기에 오른다'라고 하는 것이다"라고 말했습니다.

여하시불如何是佛고? 무엇이 부처입니까? 이 물음에 선사들은 엄지손가락을 세워 보였으며, 불자를 들어 보였고, 방을 휘둘렀으며, 할을 하였습니다. 부처를 물었는데 어째서 엄지손가락을 보여준 것인가? 부처는 있는 것도 아니고 없는 것도 아닌 방편입니다. 방편을 물었으니 방편인 엄지손가락을 세워 보여준 것입니다.

분별 망념이 사라진 이 자리를 마조 선사는 "길 잃은 사람이 방향을 분간 못하는 것과 같다!" 하였으며, 석두 선사는 "눈앞에 있어도 도를 깨닫지 못하며, 발을 내디디면서도 길인 줄 모른다!" 하였으며, 남전 선사는 "부처는 도를 알지 못한다!" 하였으며, 달마 대사는 "그대로의 마음은 목석과 같다!" 하였고 "설산雪山을 대열반에 비유한다"라고 하였습니다.

우주 가운데 일체의 존재들은 스스로 존재하지 못하고 대상으로 인해서, 대상에 의지해서 존재할 뿐입니다. 대상과 다르지 않고 둘이 아닌 이 모양이 원융하게 화합하는 모양으로 서로 대립하지 않아서 걸림이 없고 거침이 없는 작용이 자연이고 생명이며 마음입니다. 그러나 중생은 있음과 없음이 따로 있고 좋아함과 싫어함이 있다는 분별 망념으로 원융하게 화합하는 모양을 허물고 갈라놓아 부작용을 초래합니다. 중생의 수많은 고통은 모두 이 부작용에 따른 고통입니다.

자연은 훼손될 수 없고, 생명은 해害할 수 없으며, 마음은 분별할 수 없으나 중생이 허망하게 일으킨 탐심과 진심, 치심은 자연을 훼손하고, 생명을 해치며, 마음을 분별시킵니다. 그러나 자연은 훼손되지 않고, 생명은 해쳐지지 않으며, 마음은 분별되지 않습니다. 다만 미혹한 중생이 탐심, 진심, 치심을 일으킨 과보로 허망한 고통을 받을 뿐입니다.

욕계, 색계, 무색계의 삼계는 이와 같이 미혹한 분별 망념으로 이루어진 허깨비 같은 업보의 세계입니다. 삼계의 맨 꼭대기 비상비비상처非想非非想處의 중생은 생각이 아니다, 생각이 아닌 것도 아니다에 머물러서 팔백만 억 년의 천상락을 누리지만, 이 또한 업보로 인한 꿈같은 천상락이므로 생각이 아니다, 생각이 아닌 것도 아니다에 머무를 하등의 이유가 없습니다. 따라서 생각이 아닌 것도 아니다에서 멀리 떠나야 하며, 멀리 떠난 것에도 또한 멀리 떠나는 것이 삿된 생각이 없는 무념이니, 이 무념이 생각과 발을 움직이지 않고 삼계를 훌쩍 뛰어넘어 열반에 이르는 것입니다.

물질은 마음입니다. '있는 것도 아니고 없는 것도 아닌' 물질에 대해 있다 없다, 안다 모른다, 옳다 그르다, 찾을 수 있다 찾을 수 없다

하는 분별 망념으로 마음인 물질을 알려고 한다면, 이는 마치 허공이 무너져 내리고 바다 밑에 불이 나기를 기다리는 것과 같은 것입니다.

화두, 염불, 기도가 일념이 되어 모든 분별 망념이 끊어지고 그 어느 곳에도 머물지 않는 무념, 무심이 되어 이 마음인 물질을 깨달을 때 나와 이 현상계는 허공 너머로 사라지고 우리의 모든 고통은 영원한 작별을 고할 것입니다.

일체의 대중들이 모두 성불하시었음을 축원합니다.

나무마하반야바라밀 나무관세음보살마하살

한글 『천수경』

○ 정구업진언

「수리수리 마하수리 수수리 사바하」(3번)

○ 오방내외안위제신진언

「나무 사만다 못다남 옴 도로도로 지미 사바하」(3번)

○ 개경게

　가장높고 미묘하고 깊고깊은 부처님법

　백천만겁 지나도록 만나뵙기 어려워라

　나는이제 다행이도 듣고보고 지니오니

　부처님의 참된뜻을 목숨걸고 깨쳐이다

○ 개법장진언

「옴 아라남 아라다」(3번)

○ 천수천안 관자재보살 광대원만 무애대비심 대다라니 계청

  관음보살 신주앞에 머리숙여 비옵니다

  그원력이 위대하고 상호또한 거룩하사

  일천눈의 광명으로 온세상을 살피시며

  참된말씀 베푸시어 비밀한뜻 보이시고

  하염없는 자비심을 끊임없이 베푸시니

  저희들의 모든소원 어서속히 이루옵고

  모든죄업 남김없이 깨끗하게 씻어이다

  하늘과용 모든성현 또한함께 보살피사

  백천가지 온갖삼매 한꺼번에 깨쳐이다

  이법지닌 저희몸은 큰광명의 깃발이고

  이법지닌 저희마음 신기로운 창고이니

  세상티끌 씻어내고 괴롬바다 어서건너

  보리법의 방편문을 뛰어얻게 하여이다

  신기로운 대비주를 읽고외워 원하오니

  뜻하는일 마음대로 모든원을 이뤄이다

  자비하신 관세음께 귀의하여 비옵니다

  이세상의 온갖 진리 어서속히 알아이다

  자비하신 관세음께 귀의하여 비옵니다

  부처님의 지혜눈을 어서일찍 얻어이다

236

자비하신 관세음께 귀의하여 비옵니다
한량없는 모든중생 어서속히 건져이다
자비하신 관세음께 귀의하여 비옵니다
팔만사천 좋은방편 어서일찍 얻어이다
자비하신 관세음께 귀의하여 비옵니다
저언덕의 지혜배에 어서속히 올라이다
자비하신 관세음께 귀의하여 비옵니다
생로병사 괴롬바다 어서일찍 건너이다
자비하신 관세음께 귀의하여 비옵니다
무명벗는 계와정을 어서속히 얻어이다
자비하신 관세음께 귀의하여 비옵니다
괴롬여읜 열반산에 어서일찍 올라이다
자비하신 관세음께 귀의하여 비옵니다
하염없는 법의진리 어서속히 알아이다
자비하신 관세음께 귀의하여 비옵니다
절대진리 법성의몸 어서일찍 이뤄이다

찰산지옥 내가가면 찰산절로 무너지고
화탕지옥 내가가면 화탕절로 무너지고
모든지옥 내가가면 지옥절로 말라이다
아귀세계 내가가면 아귀절로 배부르고
수라세계 내가가면 악한마음 항복되고

집승세계 내가가면 슬기절로 생겨이다

나무 관세음보살마하살

나무 대세지보살마하살

나무 천수보살마하살

나무 여의륜보살마하살

나무 대륜보살마하살

나무 관자재보살마하살

나무 정취보살마하살

나무 만월보살마하살

나무 수월보살마하살

나무 군다리보살마하살

나무 십일면보살마하살

나무 제대보살마하살

「나무 본사 아미타불」(3번)

○ 신묘장구대다라니

나모라 다나다라 야야 나막알야 바로기제 새바라야 모지

사다바야 마하 사다바야 마하가로 니가야 옴 살바 바예수

다라나 가라야 다사명 나막 가리다바 이맘알야 바로기제

새바라 다바 이라간타 나막 하리나야 마발타 이사미 살발

타 사다남 슈반 아예염 살바보다남 바바마라 미수다감 다

냐타 옴 아로게 아로가 마지로가 지가란제 혜혜 하례 마하
모지 사다바 삼마라 삼마라 하리나야 구로구로 갈마 사다
야 사다야 도로도로 미연제 마하 미연제 다라다라 다린나
례 새바라 자라자라 마라 미마라 아마라 몰제예혜혜 로게
새바라 라아 미사미 나사야 나베 사미사미 나사야 모하자
라 미사미 나사야 호로호로 마라호로 하례 바나마 나바
사라사라 시리시리 소로소로 못자못자 모다야 모다야 매
다리야 이라간타 가마사 날사남 바라 하라나야 마낙 사바
하 싯다야 사바하 마하 싯다야 사바하 싯다유예 새바라야
사바하 니라간타야 사바하 바라하 목카싱하 목카야 사바
하 바나마 하따야 사바하 자가라 욕다야 사바하 상카섭나
네 모다나야 사바하 마하라 구타다라야 사바하 바마사간
타 이사 시체다 가릿나 이나야 사바하 먀가라 잘마 이바
사나야 사바하 「나모라 다나다라 야야 나막알야 바로기
제 새바라야 사바하」(3번)

○ (사방찬)

첫째동방 망어씻어 청정도량 이루었고
둘째남방 열뇌씻어 끓는마음 시원하며
셋째서방 탐심씻어 안락정토 이루었고
넷째북방 애욕씻어 영원토록 평안하리

○ (도량찬)

　온도량이 깨끗하여 더러운것 전혀없고

　삼보님과 천룡님네 이도량에 오시도다

　제가이제 묘한진언 지니옵고 외우오니

　자비감로 베푸시어 저희무리 살피소서

○ (참회게)

　아득히먼 옛날부터 제가지은 모든악업

　크고작은 그것모두 탐진치로 생기었고

　몸과입과 뜻을따라 무명으로 지었기에

　저는지금 진심으로 참회하고 비옵니다

○ (참제업장십이존불)

　나무 참죄업장보승장불

　보광왕화렴조불

　일체향화자재력왕불

　백억항하사결정불

　진위덕불

　금강견강소복괴산불

　보광월전묘음존왕불

　환희장마니보적불

　무진향승왕불

240

사자월불

환희장엄주왕불

제보당마니승광불

○ (십악참회)

살생한죄 오늘이제 참회하고 비옵니다

도적한죄 오늘이제 참회하고 비옵니다

사음한죄 오늘이제 참회하고 비옵니다

거짓말한 죄업오늘 참회하고 비옵니다

발림말한 죄업오늘 참회하고 비옵니다

이간질한 죄업오늘 참회하고 비옵니다

악한말한 죄업오늘 참회하고 비옵니다

탐애한죄 오늘이제 참회하고 비옵니다

성낸죄업 오늘이제 참회하고 비옵니다

우치한죄 오늘이제 참회하고 비옵니다

백겁천겁 쌓인죄업 한생각에 없어져서

마른풀을 불태우듯 남김없이 멸하이다

죄는본래 자성없어 마음따라 일어나니

만약마음 없어지면 죄업또한 없어지리

마음과죄 멸하여서 모두함께 공하면은

이를일러 이름하여 진참회라 하느니라

○ 참회진언

　「옴 살바 못자모지 사다야 사바하」(3번)

○ (준제찬)

　준제주의 큰공덕을 일념으로 늘외우면

　그어떠한 어려움도 그를침노 못하리니

　하늘이나 사람이나 부처처럼 복받으며

　이여의주 얻는이는 가장큰법 이루리라

　「나무 칠구지불모대준제보살」(3번)

○ 정법계진언

　「옴 남」(3번)

○ 호신진언

　「옴 치림」(3번)

○ 관세음보살본심미묘육자대명왕진언

　「옴 마니 반메 훔」(3번)

○ 준제진언

　나무 사다남 삼먁 삼못다 구치남 다냐타

　「옴 자례 주례 준제 사바하 부림」(3번)

제가이제 대준제를 지성으로 외우면서
크고넓은 보리심의 광대한원 세우오니
정과혜를 두루닦아 어서밝게 이뤄이다
크고넓은 모든공덕 저는모두 얻어이다
높은복과 큰장엄을 저는두루 갖춰이다
그지없는 중생들과 불도함께 이뤄이다

○ 여래십대발원문
나는이제 삼악도를 여의옵기 원입니다
나는이제 탐진치를 어서끊기 원입니다
나는이제 불법승을 항상듣기 원입니다
나는이제 계정혜를 힘껏닦기 원입니다
나는이제 부처님법 늘배우기 원입니다
나는이제 보리심을 안여의기 원입니다
나는이제 안양계에 태어나기 원입니다
나는이제 아미타불 만나뵙기 원입니다
나는이제 나튼몸을 두루펴기 원입니다
나는이제 모든중생 제도하기 원입니다

○ 발사홍서원
중생들이 가없지만 기어이다 건지리다
번뇌망상 끝없지만 기어이다 끊으리다

법문말씀 한없지만 기어이다 배우리다
부처님도 드높지만 기어이다 이루리다
제마음의 중생부터 기어이다 건지리다
제마음의 번뇌부터 기어이다 끊으리다
제마음의 법문부터 기어이다 배우리다
제마음의 불도부터 기어이다 이루리다

○ 발원이귀명례삼보
「시방세계 항상계신
불보님께 귀의하고
시방세계 항상계신
법보님께 귀의하고
시방세계 항상계신
승보님께 귀의합니다」 (3번)

진원

1949년 함경남도 혜산에서 태어났다.

덕산 스님을 은사로 수계 득도하였으며, 정각 스님을 계사로
비구계를 수지하였다.

오랫동안 제방에서 참선수행하였으며, 현재는 경북 안동의 암
자에서 정진중이다.

선으로 풀어낸 천수경

초판 1쇄 인쇄 2015년 9월 15일 | 초판 1쇄 발행 2015년 9월 22일
진원 풀어씀 | 펴낸이 김시열
펴낸곳 도서출판 운주사

    (02832) 서울시 성북구 동소문로 67-1 성심빌딩 3층
    전화 (02) 926-8361 | 팩스 0505-115-8361

ISBN 978-89-5746-438-0 03220   값 12,000원

http://cafe.daum.net/unjubooks 〈다음카페: 도서출판 운주사〉